राष्ट्रकूटों राठोड़ों का इतिहास

राष्ट्रकूटों
राठोड़ों
का
इतिहास

विश्वेश्वरनाथ रेउ

GYAN

Published by

Gyan Publishing House
5, Ansari Road
Daryaganj, New Delhi-110002
Phone: 011-47034999, 9811692060
E-mail: books@gyanbooks.com

Distribution Network
gyanbooks.com
India, USA, Canada, UK, Australia

ISBN: 978-93-6920-006-1 (PB)

First Published, 1934

2nd Impression 2025

Printed at: Gyan Press, Delhi.

राष्ट्रकूटों राठोड़ों का इतिहास

Author: विश्वेश्वरनाथ रेउ

राष्ट्रकूटों

(राठोड़ों)

का

इतिहास

[प्रारम्भ से लेकर राव सीहाजी के मारवाड़ में आने तक]

लेखक

पण्डित विश्वेश्वरनाथ रेउ,

सुपरिन्टैन्डैन्ट आर्कियॉलॉजिकल डिपार्टमैन्ट,

और सुमेर पब्लिक लाइब्रेरी,

जोधपुर.

जोधपुर

आर्कियॉलॉजिकल डिपार्टमैन्ट,

१९३४

भूमिका

इस पुस्तक में पहले के राष्ट्रकूटों (राठोड़ों), और उनकी प्रसिद्ध शाखा कन्नोज के गाहड़वालों का (विक्रम की तेरहवीं शताब्दी के तृतीय पाद में) राव सीहाजी के मारवाड़ की तरफ आने तक का इतिहास है।

इस वंश के राजाओं का लिखित वृत्तान्त न मिलने से यह इतिहास अबतक के मिले इस वंश के दानपत्रों, लेखों, और सिक्कों के आधार पर ही लिखा गया है। परन्तु इसमें उन संस्कृत, अरबी, और अंगरेजी पुस्तकों का, जिनमें इस वंश के नरेशों का थोड़ा बहुत हाल मिलता है, उपयोग भी किया गया है। यद्यपि इस प्रकार इकट्ठी की गयी सामग्री अधिक नहीं है, तथापि जो कुछ मिली है उससे इतना तो स्पष्ट हो जाता है कि, इस वंश के कुछ राजा अपने समय के प्रतापी नरेश थे, और कुछ राजा विद्वानों के आश्रयदाता होने के साथ ही स्वयं भी अच्छे विद्वान् थे।

इनके समय का विद्या, और शिल्प सम्बन्धी कार्य आज भी प्रशंसा की दृष्टि से देखा जाता है।

इनके प्रभाव का पता उस समय के अरब यात्रियों की पुस्तकों से, और मदनपाल के मुसलमानों पर लगाये "तुरुष्कदण्ड" नामक (जजिया के समान) 'कर' से पूरी तौर से चलता है।

इस वंशकी दान शीलता भी बहुत बढी चढी थी। इन नरेशों के मिले दानपत्रों में करीब ४२ दानपत्र अकेले गोविन्दचन्द्र के हैं। इस वंश की दानशीलता का दूसरा ज्वलन्त प्रमाण दन्तिवर्मा (दन्तिदुर्ग) द्वितीय के, शक संवत् ६७५ (वि. सं. ८१०=ई. स. ७५३) के, दानपत्र का निम्नलिखित श्लोक है –

मातृभक्ति प्रतिग्राम ग्रामलक्षचतुष्टयम्।
ददत्या भूप्रदानानि यस्य मात्रा प्रकाशिता॥ १६॥

---

(१) मर आर जी भाण्डारकर का बॉम्बे गजटियर में का लेख।

(२) इण्डियन ऐण्टिक्वेरी, भा. ११, पृ. १११

अर्थात्—उस (दन्तिवर्मा) की माने, उसके राज्य के ४,००,००० गांवों में से प्रत्येक गाव में भूमि-दानकर, उसकी मातृ-भक्ति को प्रकट किया।

बहुत से ऐतिहासिक कन्नोज के गाहडवाल-वश को राष्ट्रकूट वश की शाखा मानने में शङ्का करते हैं। परन्तु इस पुस्तक के आरम्भ के अध्यायों में दिये इस विषय के प्रमाणों से सिद्ध होता है कि, गाहड़वाल-वश वास्तव में राष्ट्रकूटो की ही एक शाखा था; और इसका यह नाम गाधिपुर (कन्नौज) के शासन सम्बन्ध से हुआ था।

इन राष्ट्रकूटों का इतिहास पहले पहल हिन्दी में हमारी लिखी 'भारत के प्राचीनराजवश' नामक पुस्तक के तीसरे भाग में छपा था। इसके बाद इस पुस्तक के, राष्ट्रकूटों और गाहड़वालों से सबन्ध रखने वाले, कुछ अध्याय 'सरस्वती' मे निकले थे, और इसके प्रारम्भ के कुछ अध्यायों का सक्षित विवरण, और कन्नौज के गाहडवालों का इतिहास 'रॉयल एशियाटिक सोसाइटी ऑफ ग्रेट ब्रिटेन ऐण्ड आयर्लैण्ड' के जर्नल में भी प्रकाशित हुआ था। इसी प्रकार इस पुस्तक के "परिशिष्ट" में दिया हुआ विवरण 'सरस्वती', और 'इण्डियन ऐण्टिक्वेरी' में छपा था। इसके बाद गत वर्ष यह सारा इतिहास 'The history of the Rāshṭrakūṭas' के नाम से जोधपुर दरबार के आर्कियॉ लॉजिकल डिपार्टमैन्ट की तरफ से प्रकाशित किया गया था। ऐसी हालत मे इस पुस्तक में दिये इतिहास को इन्हीं सबका सशोधित और परिवर्धित रूप कहा जासकता है।

इस पुस्तक के प्रकाशन में जिन जिन विद्वानों की खोज से सहायता ली गयी है, उनके प्रति हार्दिक कृतज्ञता प्रकट करना हम अपना कर्तव्य समझते हैं।

आर्कियॉलॉजिकल डिपार्टमेन्ट,
जोधपुर

विश्वेश्वरनाथ रेउ,

---

(१) ई स १९२५ में प्रकाशित।
(२) 'सरस्वती' जून, जुलाई, और अगस्त १९१७
(३) ये क्रमश जनवरी १९३०, और जनवरी १९३२ में प्रकाशित हुए थ।
(४) मार्च १९२८
(५) जनवरी १९३०

विषयसूची

राष्ट्रकूट

वि० स० से २१२ (ई० स० से २६९) वर्ष पूर्व, भारत में अशोक एक बड़ा प्रतापी और धार्मिक राजा हो गया है। इसने अपने राज्य के प्रत्येक प्रान्त में अपनी धर्माज्ञायें खुदवाई थीं। उनमें की शाहबाजगढ़, मानसेरा (उत्तर-पश्चिमी सीमान्त प्रदेश), गिरनार (सोराष्ट्र), और धवली (कलिङ्ग) की धर्माज्ञाओं में "काम्बोज" और "गाधार" वालों के उल्लेख के बाद ही "रठिक," "रिस्टिक" (राष्ट्रिक), या "लठिक" शब्दो का प्रयोग मिलता है।

डाक्टर डी. आर. भण्डारकर इस 'रिस्टिक' (या राष्ट्रिक) और इसी के बाद लिखे "पेतेनिक" शब्द को एक शब्द मानकर, इसका प्रयोग महाराष्ट्र के वंश परंपरागत शासक वंश के लिए किया गया मानते हैं[1]। परन्तु शाहबाजगढ़ से मिले लेख में "यवन कंबोय गधरन रठिकन पितिनिकन" लिखा होने से प्रकट होता है कि, ये "रिस्टिक" (रठिक) और "पेतेनिक" (पितिनिक) शब्द दो भिन्न-जातियों के लिए प्रयोग किये गये थे[2]।

श्रीयुत सी. वी. वैद्य उक्त (राष्ट्रिक) शब्द से महाराष्ट्र निवासी राष्ट्रकूटो का तात्पर्य लेते[3] हैं, और उन्हें उत्तरीय राष्ट्रकूटों से भिन्न मरहटा क्षत्रिय मानते हैं। परन्तु पाली भाषा के 'दीपवंश' और 'महावंश' नामक प्राचीन ग्रन्थों में महाराष्ट्र निवासियों के लिए "राष्ट्रिक" शब्द का प्रयोग न कर "महारट्ठ" शब्द का प्रयोग किया गया है।

---

(१) अशोक (श्रीयुत भण्डारकर द्वारा लिखित), पृ० ३३

(२) अङ्गुत्तरनिकाय में भी "रट्ठिकस्स" और 'पेत्तनिकस्स" दो भिन्न पद लिखे हैं।

(३) हिस्ट्री ऑफ मिडिएवल हिन्दू इण्डिया, भा० २, पृ० ३२३

(४) हिस्ट्री ऑफ मिडिएवल हिन्दू इण्डिया, भा० २, पृ० १५२-१५३

(५) ईस्वी सन् की दूसरी शताब्दी के भाजा, बेडसा, कारली, और नानाघाट की गुफाओं के

डाक्टर हुल्श (Hultzsch) "रठिक" अथवा "रट्टिक" (रष्ट्रिक) शब्द से पंजाब के "आरट्टों" का तात्पर्य लेते हैं[1]। परन्तु यदि आरट्टदेश[2] की व्युत्पत्ति में–

"आसमन्तात् व्याप्ता रट्टा यस्मिन् स आरट्टः" इस प्रकार "बहुव्रीहि" समास मानलिया जाय, तो एक सीमातक सारेही विद्वानों के मतों का समाधान हो जाता है। राष्ट्रकूटों के लेखों में उनकी जाति का दूसरा नाम "रट्ट" भी मिलता है। इसलिए राष्ट्रकूटों का पहले पंजाब में रहना, और फिर वहा से उनकी एक शाखा का दक्षिण में जाकर अपना राज्य स्थापन करना मान लेने में कोई आपत्ति नजर नहीं आती।

---

(१) कॉर्पस् इन्सक्रिप्शनम् इण्डिकेरम्, भा० १ पृ० ५६

भारत में " राठी " नाम से पुकारी जाने वाली पाच बोलिया है। (लिंग्विस्टिक सर्वे ऑफ इण्डिया, भा० १, खण्ड १ पृ० ४६८) इनमें शायद पूर्वी पंजाब में बोली जानेवाली बोलीही मुख्य है। (लिंग्विस्टिक सर्वे ऑफ इण्डिया, भा० ६, खण्ड १, पृ० ६१० और ६६६) सर जार्ज. ग्रीयर्सन ने वहा पर प्रचलित प्रवाद के अनुसार "राठी" का अर्थ कठोर दिया है। परन्तु वह अपने १२ जून १६३१ के पत्र में उसका सम्बन्ध " राष्ट्र " शब्द से होना अस्वीकार करते हैं। इसलिए सम्भव है पंजाब में स्थित राष्ट्रकूटों की भाषा होने से ही यह राठी नाम से प्रसिद्ध हुई होगी।

(२) महाभारत में " आरट्ट " देश का उल्लेख इस प्रकार दिया है —

पचनद्यो वहन्त्येता यत्र पीलुवनान्युत। ३१।
शतद्रुश्च विपाशा च तृतीयेरावती तथा।
चन्द्रभागा वितस्ता च सिन्धुषष्ठा बहिर्गिरे। ३२।
आरट्टानाम ते देशा

(कर्ण पर्व, अध्याय ४२)

अर्थात्—१ सतलज, २ व्यासा, ३ रावी ४ चनाब, ५ झेलम, और ६ सिन्ध से सींचा जानेवाला पहाड़ों के बाहर का प्रदेश आरट्ट देश कहाता है। (महाभारत युद्ध के समय यह देश शल्य के अधीन था) बौधायन के धर्म और श्रौत सूत्रों में आरट्ट देश को अनार्य देश लिखा है।

(देखो धर्मसूत्र प्रथम प्रश्न, प्रथम अध्याय, और १८–१२–११)

वि० सं० से २६६ (ई० स० से ३२६) वर्ष पूर्व, आरट्ट लोगों ने बलुचिस्तान के करीब, सिकन्दर का सामना किया था। यह बात उस समय के लेखकों के ग्रंथों से स्पष्ट होती है।

उण्डिकवाटिका से राष्ट्रकूट राजा अभिमन्यु का एक दानपत्र मिला है। उसमें संवत् न होने से विद्वान् लोग उसे विक्रम की सातवीं शताब्दी के प्रारम्भ का अनुमान करते हैं। उसमें लिखा है:—

"ॐ स्वस्ति अनेकगुणगणालंकृतयशसां राष्ट्रकु(कू)टा-
नां(नां) तिलकभूतो मानांक इति राजा बभूव"

अर्थात्—अनेक गुणों से अलंकृत, और यशस्वी राष्ट्रकूटों के वंश में तिलक-रूप मानाङ्क राजा हुआ।

इलोरा की गुफाओं के दशावतार वाले मन्दिर में लगे राष्ट्रकूट राजा दन्ति-दुर्ग के लेख में लिखा है:—

"नवेत्ति खलु कः क्षितौ प्रकटराष्ट्रकूटान्वयम्।"

अर्थात्—पृथ्वी पर प्रसिद्ध राष्ट्रकूट वंश को कौन नहीं जानता।

इसी राजा के, श० सं० ६७५ (वि० सं० ८१०=ई० स० ७५३) के, दानपत्र में, और मध्यप्रान्त के मुलताइ गाव से मिले, नन्दराज के, श० सं० ६३१ (वि० सं० ७६६=ई० स० ७०९) के ताम्रपत्र में भी इस वंश का उल्लेख राष्ट्रकूटवंश के नाम से ही किया गया है। इसी प्रकार और भी अनेक राजाओं के लेखों, और ताम्रपत्रों में इस वंश का यही नाम दिया है। परन्तु पिछले कुछ लेख ऐसे भी हैं, जिनमें इस वंश का नाम "रट्ट" लिखा है। जैसे:—

सिरूर से मिले अमोघवर्ष (प्रथम) के लेख में उसे "रट्टवंशोद्भव" कहा है।

(१) जर्नल बाम्बे एशियाटिक सोसाइटी, भाग १६, पृ० ९०

(२) कुछ लोग इस स्थान पर "राष्ट्रकूटानां" के बदले "त्रैकूटकानां" पढ़ते हैं। परन्तु यह पाठ ठीक नहीं है।

(३) केव टेम्पल्स इन्सक्रिप्शन्स, पृ० ९२, और आर्कियालॉजिकल सर्वे, वैस्टर्न इण्डिया, भा० ५, पृ० ८७

(४) इण्डियन ऐण्टिक्वेरी, भाग ११, पृ० १११

(५) इण्डियन ऐण्टिक्वेरी, भाग १८, पृ० २३४

(६) जिस प्रकार लौकिक बोल-चाल में "मान्यखेट" का संक्षिप्त रूप "मांट", (यादव) "विष्णुवर्धन" का "बिट्टिग," और "चापोत्कट" (वंश) का "चाप" होगया था, उसी प्रकार "राष्ट्रकूट" (वंश) का भी "रट्ट" होगया हो तो आश्चर्य नहीं।

(७) इण्डियन ऐण्टिक्वेरी, भाग १२, पृ० २१८

नवसारी से मिले इन्द्र (तृतीय) के, श० स० ८३६ (वि० स० ९७१= ई० स० ९१४) के, ताम्रपत्र में अमोघवर्ष को "रट्टकुललक्ष्मी" का उदय करने वाला लिखा है।

देवली के ताम्रपत्र में लिखा है कि, इस वंश का मूल पुरुष "रट्ट" था। उसका पुत्र "राष्ट्रकूट" हुआ। उसी के नाम पर यह वंश चला है।

घोसूंडी (मेवाड़) के लेख में इस वंश का नाम "राष्ट्रवर्य" और नाडोल के ताम्रपत्र में राष्ट्रौडे लिखा है।

"राष्ट्रकूट" शब्द में के "राष्ट्र" का अर्थ राज्य और "कूट" का अर्थ समूह, ऊँचा, या श्रेष्ठ होता है। इसलिए इस "राष्ट्रकूट" शब्द से बड़े या श्रेष्ठ राज्य का बोध होता है। यह भी सम्भव है कि, "राष्ट" के पहले "महा" उपपद लगाकर इस जाति से शासित प्रदेश का नामही "महाराष्ट्र" रक्खा गया हो[५]।

आजकल देश और भाषा के भेद से राष्टकूट शब्द के और भी अनेक रूपान्तर मिलते हैं। जैसे —

---

(१) जर्नल बाम्बे ब्राच रायल एशियाटिक सोसाइटी, भा० १८, पृ० २५७

(२) जर्नल बाम्बे ब्राच रायल एशियाटिक सोसाइटी, भा० १८, पृ० २४६-२५१, और ऐपिग्राफिया इण्डिका, भा० ५, पृ० १९२

(३) रट्ट के वंश में राष्ट्रकूट का होना केवल कवि कल्पना ही मालूम होती है।

(४) चौहान कीर्तिपाल का, वि० स० १२१८ का, ताम्रपत्र।

(५) जिस प्रकार मालव जाति से शासित प्रदेश का नाम मालवा, और गुर्जर जाति से शासित प्रदेश का नाम गुजरात हुआ उसी प्रकार राष्ट्रकूट जाति से शासित प्रदेश, दक्षिण काठियावाड़ का नाम सुराष्ट्र (सोरठ) और नर्मदा और माही नदियों के बीच के देश का नाम राष्ट हुआ। तथा इसी राष्ट को बाद में लोग लाट के नाम से पुकारने लगे। (भारत का यह भाग जिसमें भड़ौच, राजपुर, भरुआ आदि राज्य हैं लाट राठ कहता है।) (गिरनार पर्वत से मिले स्कन्दगुप्त के लेख में भी सोरठ देश का उल्लेख है।)
इस प्रकार राष्ट्र (रठ), सुराष्ट्र (सोरठ), और महाराष्ट्र प्रदेश राष्ट्रकूटों की कीर्ति का ही बोध कराते हैं।

राठवर, राठवड़, राठउर, राठउडे, राठडे, रठडा, और राठोड़।

डाक्टर बर्नेले, राष्ट्रकूटों के पिछले लेखों में "रट्ट" शब्द का प्रयोग देखकर, इन्हें तेलुगु भाषा बोलनेवाली रेड्डी जाति से मिलाते हैं। परन्तु वह जाति तो वहां की आदिम निवासी थी, और राष्ट्रकूट उत्तर से दक्षिण में गये थे। (इस विषय पर अगले अध्याय में विचार किया जायगा।) इसलिए इस प्रकार के सम्बन्ध की कल्पना करना भ्रम मात्र ही है।

मयूरगिरि के राजा नारायणशाह की आज्ञा से उसके सभा-कवि रुद्रने, श० स० १५१८ (वि० सं० १६५३=ई० स० १५९६) में, 'राष्ट्रौढ वंश महा-काव्य' लिखा था। उसके प्रथम सर्ग में लिखा है:—

" आराध्यदेहा तमवोचदेषा राजन्नसावस्तु तवैकसूनुः।
अनेन राष्ट्रं च कुलं त्वदीयं राष्ट्रौ (ष्ट्रो) ढनामा तदिह प्रतीतः॥ २९॥"

अर्थात्—उस (लातनादेवी) ने आकाश-वाणी के द्वारा उस राजा (नारायण) से कहा कि, यह तेरा पुत्र होगा, और इसने तेरे राष्ट्र (राज्य), और वंश का भार उठाया है, इसलिए इसका नाम 'राष्ट्रोढ' होगा।

---

(१) इस वंश का यह नाम धवल के, बीजापुर (गोडवाड) से मिले, वि० सं० १२०८ के, लेख में लिखा है।

(२) इस वंश का यह नाम राठोड सलखा के, जोधपुर से ८ मील वायु कोण में के बृहस्पति कुण्ड पर से मिले, वि० सं० १३१३ के, लेख में दिया है।

(३) इस वंश के नाम का यह रूप राव सीहाजी के, बीठू (पाली) से मिले, वि० सं० १३३० के, लेख में मिला है।

(४) राठोड हम्मीर के, फलोधी से मिले, वि० सं० १५७३ के, लेख में राष्ट्रकूट शब्द का प्रयोग किया गया है।

राष्ट्रकूटों का उत्तर से दक्षिण में जाना

एकतो पहले लिखे अनुसार, डाक्टर हुल्श (Hultzsch) अशोक के लेखों में उल्लिखित "रठिकों" या "रट्ठिकों" (रिष्ट्रिकों), और महाभारत के समय के (पजाब के) आरट्टदेश वासियो को एकही मानते हैं। ये आरट्ट लोग सिकन्दर के समय तक भी पजाब में विद्यमान थे। दूसरा अशोक की मानसेरा, शाहबाजगढी (उत्तर-पश्चिमी सीमान्त प्रदेश), गिरनार (जूनागढ़), और धवली (कलिङ्ग) से मिली धर्माज्ञाओं में, काम्बोज और गान्धार के बादही राष्ट्रिकों का नाम मिलता है। इससे प्रकट होता है कि, राष्ट्रकूट लोग पहले भारत के उत्तर-पश्चिमी प्रदेश में ही रहते थे, और बाद में वहीं से दक्षिण की तरफ गये थे। डाक्टर फ्लीट भी इस मत से पूर्ण सहमत हैं।

---

(१) कॉर्पस इन्सक्रिपूशनम् इण्डिकेरम्, भा० १ पृ० ५६

(२) यद्यपि राष्ट्रकूटों के कुछ लेखों में इन्हें चन्द्रवंशी लिखा है, तथापि वास्तव में ये सूर्यवंशी ही थे। (इस पर आगे स्वतन्त्ररूप से विचार किया जायगा।)

मारवाड़ नरेश अपने को सूर्यवंशी और श्री रामचन्द्र के पुत्र कुश के वंशज मानते है। 'विष्णुपुराण' में सूर्य के वंशज इक्ष्वाकु से लेकर रामचन्द्र तक ६१ राजाओं के नाम दिये हैं, और रामचन्द्र से सूर्यवंश के अन्तिम राजा सुमित्र तक ६० नाम लिखे हैं। इस प्रकार इक्ष्वाकु से सुमित्र तक कुल १२१ (और 'भागवत में शायद कुल १२५) राजाओं के नाम हैं। पुराणों से इसके बाद के इस वंश के राजाओं का पता नहीं चलता। (पुराणों के मतानुसार सुमित्र का समय आज से करीब २००० (?) वर्ष पूर्व था।)

'वाल्मीकिरामायण' के उत्तर काण्ड में लिखा है कि, श्री रामचन्द्र के भाई भरत ने गन्धर्वों (गान्धार वालों) को जीता था। इसके बाद उसके दो पुत्रों में से तक्षने वहां पर (गांधार प्रदेश में) तक्षशिला और पुष्कल ने पुष्कलावत नाम के नगर बसाये। तक्षशिला को आजकल टेक्सिला कहते है। यह नगर हसन अब्दाल से दक्षिण-पूर्व और रावलपिंडी से उत्तर-पश्चिम में था। इसके खंडहर १२ मील के घेरे में मिलते है।

पुष्कलावत पश्चिमोत्तर की तरफ पशावर के पास था। यह स्थान इस समय चारसद्दा के नाम से प्रसिद्ध है।

श्रीयुत सी. वी. वैद्य दक्षिण के राष्ट्रकूटों को दक्षिणी–आर्य मानते हैं। उनका अनुमान है कि, ये लोग, दक्षिण में दूसरी बार अपना राज्य स्थापन करने के बहुत पहले ही, उत्तर से आकर वहां बसगये थे, और इसीसे अशोक के लेखों के लिखे जाने के समय भी महाराष्ट्र देश में विद्यमान थे[1]।

परन्तु उनका यह अनुमान अशोक के उन लेखो की, जिनमें इस जाति का उल्लेख आया है, स्थिति के आधार पर होने से ठीक नहीं माना जासकता; क्योंकि ऐसे दो लेख उत्तर–पश्चिमी सीमाप्रान्त से, एक सौराष्ट्र से और एक कलिङ्ग से, मिल चुके हैं।

डाक्टर डी. आर. भण्डारकर राष्ट्रिकों का सम्बन्ध अपरान्त वासियों से मानकर इन्हें महाराष्ट्र निवासी अनुमान करते हैं[2]। परन्तु अशोक की शाहबाज़गढ़ से मिली पाँचवीं आज्ञा में इस प्रकार लिखा है:—

"योनकंबोय गंधरनं रठिकनं पितिनिकनं ये वपि अपरंते"[3]

यहाँ पर "रठिकनं" (राष्ट्रिकानां) और "पितिनिकनं" (प्रतिष्ठानिकाना) का सम्बन्ध "ये वापि अपरान्ता." से करना ठीक प्रतीत नहीं होता; क्योंकि ऊपर दी हुई पंक्ति में अपरान्त निवासियों का राष्ट्रिकों से भिन्न होना ही प्रकट होता है।

इन राष्ट्रकूटो की खानदानी उपाधि "लटलूरपुराधीश्वर" थी। श्रीयुत रजवाड़े आदि विद्वान् इस लटलूर से (मध्य प्रदेशस्थ बिलासपुर जिले के) रत्नपुर का तात्पर्य लेते हैं। यदि यह अनुमान ठीक हो तो इससे भी इनका उत्तर से दक्षिण में जाना ही सिद्ध होता है।

श्री रामचन्द्र के पुत्र कुश ने अयोध्या को छोड़कर गगा के तट पर (आधुनिक मिरजापुर के पास) कुशावती नगरी बसाई थी। सम्भव है उसके वंशज बाद में, किसी कारण से भरत के वंशजों के पास चले गये हों, और कालान्तर में "राष्ट्रिक" या "आरट्ट" के नाम से प्रसिद्ध होकर वापिस लौटते हुए, कुछ उत्तर की तरफ़ और कुछ गिरनार होते हुए दक्षिण की तरफ गये हों। परन्तु यह कल्पना मात्र ही है।

नयचन्द्र सूरि की 'रम्भामंजरी' नाटिका में भी जयचन्द्र को इक्ष्वाकु वंश का तिलक लिखा है। (देखो पृ॰ ७)

(१) हिस्ट्री ऑफ मिडिएवल हिन्दू इण्डिया, भा॰ २, पृ॰ ३२३

(२) अशोक (डाक्टर डी. आर भण्डारकर लिखित), पृ॰ ३३

(३) कॉर्पस इन्सक्रिपृशनम् इण्डिकेरम्, भा॰ १, पृ॰ ५६

सोलंकी राजा त्रिलोचनपाल के, सूरत से मिले, श० सं० ९७२ (वि० सं० ११०७=ई० स० १०५१) के, ताम्रपत्र से प्रकट होता है कि, सोलंकियों के मूलपुरुष चालुक्य का विवाह कन्नौज के राष्ट्रकूट राजा की कन्या से हुआ था। इससे ज्ञात होता है कि, राष्ट्रकूटों का राज्य पहले कन्नौज में भी रहा था, और इसके बाद छठी शताब्दी के करीब, इन्होंने दक्षिण के सोलंकियों के राज्य पर अधिकार करलिया था।

---

(१) समादिश्यार्थसंसिद्धौ द्रुहः स्रष्टाऽब्रवीचतम् ॥ ५ ॥
कान्यकुब्जे महाराज ! राष्ट्रकूटस्य कन्यकम् ।
लब्ध्वा सुखाय तस्यां त्वं चौलुक्याप्नुहि संततिम् ॥ ६ ॥

(इण्डियन ऐण्टिक्वेरी भा० १२, पृ० २०१)

(२) मिस्टर जे. डब्ल्यु. वाट्सन (पोलिटिकल सुपरिन्टेन्डेन्ट, पालनपुर) लिखते हैं कि, कन्नौजपति राठोड़ श्रीपत ने, संवत् ६२६ की मंगसिर सुदि ५ बृहस्पतिवार को, अपने राजतिलकोत्सव के समय, उत्तरी गुजरात के १६ गांव चिनदिया ब्राह्मणों को दान दिये थे। इनमें से एटा नामक गांव अबतक उस वंश के ब्राह्मणों के अधिकार में चला आता है। इसके आगे वह लिखते हैं कि, पहले के अरब भूगोल वेत्ताओं ने कन्नोज की सरहद को सिन्ध से मिला हुआ लिखा है; अलमसऊदी ने सिन्ध का कन्नोज नरेश के राज्य में होना प्रकट किया है; और गुजरात के मुसलमान इतिहास लेखकों ने कन्नौज नरेश को ही गुजरात का अधिपति माना है।

(इण्डियन ऐण्टिक्वेरी, भा० ३, पृ० ४१)

यहां पर मिस्टर वाट्सन के लेख को उद्धृत करने का कारण केवल यह प्रकट करना है कि, राष्ट्रकूटों का राज्य पहले भी कन्नौज में रह चुका था, और उस समय भी इनका प्रताप खूब बढ़ा चढ़ा था।

श्रीपत के विषय में हम केवल इतना कह सकते हैं कि, वह शायद कन्नौज के राठोड़ राज घराने का होने से ही "कन्नौजेश्वर" कहाता था। सम्भव है, जिस समय लाट देश के राजा ध्रुवराज ने कन्नौज के प्रतिहार राजा भोजदेव को हराया था, उस समय उस (ध्रुवराज) ने श्रीपत के पिता को राष्ट्रकूट समझ कन्नौज का कुछ प्रदेश दिलवा दिया हो, और बाद में पिता के मरने और अपने गद्दी पर बैठने के समय श्रीपत ने यह दानपत्र लिखवाया हो। एटा गाँव का कन्नौज के राठोड़ों द्वारा दिया जाना 'बॉम्बे गजेटियर' (भाग० ५, पृ० ४३९) में भी लिखा है।

इस बात की पुष्टि दक्षिण के सोलकी राजा राजराज के, ३२ वे राज्य वर्ष (श० स० ९७५=वि० स० ११११०=ई० स० १०५३) के, येवूर से मिले, दानपत्र से भी होती है। उसमें लिखा है कि, राजा उदयन के बाद उस के वश के ५९ राजाओ ने अयोध्या में राज्य किया था, और उनमें के अन्तिम राजा विजयादित्य ने सोलकियो के दक्षिणी राज्य की स्थापना की थी। इसके बाद उसके १६ वशजो ने वहा पर राज्य किया। परन्तु अन्त में उस राज्य पर दूसरे वशका अधिकार होगया। यहा पर दूसरे वश से राष्ट्रकूट वशका ही तात्पर्य है, क्योंकि सोलकियो के, मीरज से मिले, श० स० ९४६ के और येवूर से मिले, श० स० ९९९ के, ताम्रपत्रो मे जयसिह का, राष्ट्रकूट इन्द्रराज को जीतकर, फिर से चालुक्य वश के राज्य को प्राप्त करना लिखा है[२]।

इस जयसिह का प्रपौत्र कीर्तिवर्मा वि० स० ६२४ में राज्य पर बैठा था। इससे उसका परदादा—जयसिंह विक्रम की छठी शताब्दी के उत्तरार्ध में रहा होगा। इन प्रमाणो पर विचार करने से प्रकट होता है कि, विक्रम की छठी शताब्दी मे वहा पर (दक्षिण मे) राष्ट्रकूटो का राज्य था। साथ ही यह भी अनुमान होता है कि, जिस समय सोलकियों का राज्य अयोध्या में था, उसी समय उनके पूर्वज का विवाह कन्नौज के राष्ट्रकूट राजा की कन्या से हुआ होगा।

---

(१) उक्त दानपत्र म उदयन का ब्रह्मा की सैंतालीसवीं पीढी म होना लिखा है।

(२) " जभार

भूधरकुलकमकुलवल्लभराजलक्ष्मीम ।

(इण्डियन ऐण्टिक्वेरी, भा० ८, पृ० १२,)

राष्ट्रकूटों का वंश

दक्षिण और लाट (गुजरात) पर राज्य करने वाले राष्ट्रकूटों के समय के करीब ७५ लेख और दानपत्र मिले हैं। इनमें से केवल ८ दानपत्रों में इन्हें यदुवंशी लिखा है।

---

(१) उपर्युक्त ८ दानपत्रों में से पहला राष्ट्रकूट अमोघवर्ष प्रथम का, श० स० ७८२ (वि० स० ९१७=ई० स० ८६०) का है। उसमें लिखा है—

"तदीयभूपायनयाद्दवान्वये"

(ऐपिग्राफिया इण्डिका, भा० ६, पृ० २६)

दूसरा इन्द्रराज तृतीय का, श० स० ८३६ (वि० स० ९७१=ई० स० ९१४) का है। उसमें इनके वंश का उल्लेख इसप्रकार है—

"तस्माद्वंशो यदूनां जगति स ववृधे"

(जर्नल बॉम्बे एशियाटिक सोसाइटी, भा० १८, पृ० २६१)

तीसरा श० स० ८५२ (वि० स० ९८७=ई० स० ९३०) का, और चौथा श० स० ८५५ (वि० स० ९९०=ई० स० ९३) का है। ये दोनों गोविन्दराज (चतुर्थ) के हैं। इनमें इनके वंश के विषय में इसप्रकार लिखा है—

"वंशो बभूव भुवि सिन्धुनिभो यदूनाम्।"

(ऐपिग्राफिया इण्डिका, भा० ७, पृ० ३६, और इण्डियन ऐण्टिक्वेरी, भा० १२, पृ० २४९)

पाचवाँ श० स० ८६२ (वि० स० ९९७=ई० स० ९४०) का, और छठा श० स० ८८० (वि० स० १०१५=ई० स० ९५८) का है। ये कृष्णराज (तृतीय) के हैं। इनमें भी इनको यदुवंशी लिखा है

"यदुवंशे दुग्धसिंधूपमाने

(ऐपिग्राफिया इण्डिका, भा० ५ पृ० १९२, और भा० ४, पृ० २८१)

सातवाँ कर्कराज द्वितीय का, श० स० ८९४ (वि० स० १०२९=ई० स० ९७२) का है। इसमें भी उपर्युक्त बातका ही उल्लेख है—

"समभूद्न्यो यदोरन्वय।"

(इण्डियन ऐण्टिक्वेरी, भा० १२, पृ० २६४)

आठवाँ रट्टराज का, श० स० ९३० (वि० स० १०६५=ई० स० १००८) का है। इसमें भी इनका यदुवंशी होना लिखा है—

"ओऽस्तीह वंशो यदुकुलतिलको राष्ट्रकूटस्वगाध म्"

(ऐपिग्राफिया इण्डिका, भा० ३, पृ० २९८)

सबसे पहला दानपत्र, जिसमें इन्हें यदुवंशी लिखा है, श० सं० ७८२ (वि० सं० ९१७) का है। इससे पहले की प्रशस्तियों में इन राजाओं के सूर्य या चन्द्रवंशी होने का उल्लेख नहीं है।

इन्हीं ८ दानपत्रों में के श० सं० ८३६ के दानपत्र में यह भी लिखा है:–

"तत्रान्वये विततसात्यकिवंशजन्मा
श्रीदन्तिदुर्गनृपतिः पुरुषोत्तमोऽभूत्।"

अर्थात्–उस (यदु) वंश में सात्यकि के कुल में (राष्ट्रकूट) दन्तिदुर्ग हुआ।

परन्तु धमोरी (अमरावती) से, राष्ट्रकूट कृष्णराज (प्रथम) के, करीब १८०० चांदी के सिक्के मिले हैं। इन पर एक तरफ राजा का मुख और दूसरी तरफ "परममाहेश्वरमहादित्यपादानुध्यातश्रीकृष्णराज" लिखा है। यह कृष्णराज वि० सं० ८२९ (ई० स० ७७२) में विद्यमान था। इससे प्रकट होता है कि, उस समय तक राष्ट्रकूट नरेश सूर्यवंशी और शैव समझे जाते थे।

राष्ट्रकूट गोविन्दराज (तृतीय) का, श० सं० ७३० (वि० सं० ८६५=ई० स० ८०८) का, एक दानपत्र राधनपुर से मिला है। उस में लिखा है:–

"यस्मिन्सर्वगुणाश्रये क्षितिपतौ श्रीराष्ट्रकूटान्वयो-
जाते यादववंशवन्मधुरिपावासीदलंघ्यः परैः।"

---

(१) हलायुध ने भी अपने बनाये 'कविरहस्य' में राष्ट्रकूटों का यादव सात्यकि के वंश में होना लिखा है। कृष्ण तृतीय के, श० सं० ८६२ के, ताम्रपत्र में भी ऐसा ही उल्लेख है:– "तद्वंशजा जगति सात्यकिवर्गभाजः"

(२) गोविन्दचन्द्र के वि० स० ११७४ के दानपत्र में गाहडवाल नरेशों के नाम के साथ भी "परममाहेश्वर" उपाधि लगी मिलती है।

(३) "पादानुध्यात" शब्द के पूर्व का नाम, उस शब्द के पीछे दिये नाम वाले पुरुष के, पिता का नाम समझा जाता है। परन्तु "महादित्य" न तो कृष्णराज के पिता का नाम ही था न उपाधि ही। ऐसी हालत में इस शब्द से इस वंश के मूल-पुरुष का तात्पर्य लेना कुछ अनुचित न होगा।

अर्थात्–जिस प्रकार श्रीकृष्ण के उत्पन्न होने पर यदुवंश शत्रुओं से अजेय हो गया था, उसी प्रकार इस गुणीराजा के उत्पन्न होने पर राष्ट्रकूट वंश भी शत्रुओं से अजेय हो गया।

इससे ज्ञात होता है कि, वि० सं० ८६५ (ई० स० ८०८) तक यह राष्ट्रकूट वंश यदुवंश से भिन्न समझा जाता था। परन्तु पीछे से अमोघवर्ष प्रथम के, श० सं० ७८२ वाले, दानपत्र के लेखक ने, उपर्युक्त लेख में के यादववंश के उपमान और राष्ट्रकूट वंश के उपमेय भाव को न समझ, इस वंश को और यादववंश को एक मानलिया, और बाद के ७ प्रशस्तियों के लेखकों ने भी विना सोचे समझे उसका अनुसरण कर लिया।

यहां पर यह शंका की जा सकती है कि, यदि राष्ट्रकूट वास्तव में ही चंद्रवंशी न थे तो उन्होंने इस गलती पर ध्यान क्यों नहीं दिया। परन्तु इस विषय में यह एक उदाहरण ही पर्याप्त होगा कि, यद्यपि मेवाड़ के महाराणाओं का सूर्यवंशी होना प्रसिद्ध है, तथापि स्वयं महाराणा कुम्भकर्ण ने, जो एक विद्वान् नरेश था, पुराने लेखको का अनुसरण कर, अपनी बनाई 'रसिकप्रिया' नाम की 'गीत गोविन्द' की टीका में अपने मूल पुरुष बप्प को ब्राह्मण लिख दिया है:—

"श्रीवैजवापेनसगोत्रवर्यः श्रीबप्पनामा द्विजपुंगवोभूत्" ॥

---

(१) यादव राजा भीम के, प्रभास पाटन से मिले, वि॰ स॰ १४४२ के, लेख में लिखा है:-

"वशो (शौ) प्रसिद्धो (द्धौ) हि यथारवीन्दो (न्द्वोः)
राष्ट्रोडवंशस्तु तथा तृतीय. ॥
यत्राभवद्धर्मनृपोऽतिधर्म-
स्तस्माच्चित्र मा (सा) यमुना जगाम ॥ १० ॥"

अर्थात्–जिस प्रकार सूर्य और चन्द्र ये दोनों वंश प्रसिद्ध हैं, उसी प्रकार तीसरा राठोड़ वंश भी प्रसिद्ध है। इसमें धर्म नामका पुण्यात्माराजा हुआ। उसीके साथ भीम की कन्या यमुना का विवाह हुआ था।

(बॉम्बे गजटियर, भा. १ हिस्सा २, पृ. २०८–२०६;
और साहित्य, खंड १, भा० १, पृ २७६-२८१)

वि० सं० १६५२ में बने 'राष्ट्रौढवंश महाकाव्य' का उल्लेख पहले कर चुके हैं। उसमें लिखा है कि, लातनादेवी ने, चन्द्र से उत्पन्न हुए कुमार को लाकर, पुत्र के लिए तपस्या करते हुए, कन्नौज के सूर्यवंशी राजा नारायण को सौंपदिया, और उस सूर्यवंशी राजा के राज्य और कुल का भार वहन करने से वह कुमार "राष्ट्रौढ" के नाम से प्रसिद्ध हुआ।

इस से भी उस समय राठोड़ों का सूर्यवंशी माना जाना सिद्ध होता है।

इसी प्रकार कन्नौज के गाहडवाल राजाओं के लेखों में भी उन्हें सूर्यवंशी ही लिखा है:-

> "आसीदशीतद्युतिवंशजातः क्ष्मापालमालासु दिवं गतासु।
> साक्षाद्विवस्वानिव भूरिधाम्ना नाम्ना यशोविग्रह इत्युदारः॥"

अर्थात्-बहुत से सूर्यवंशी राजाओं के स्वर्ग चले जाने पर, साक्षात् सूर्य के समान प्रताप वाला, यशोविग्रह नाम का राजा हुआ।

---

(१) "पुरा कदाचित्त्रये समेतान्, देवाननुज्ञाप्य गृहाय सद्यः।
कात्यायनीमर्द्धमृगाङ्कमौलिः, कैलासशैले रमयन्नभूत्॥ १२॥

— — — — — — — —

अन्योन्यभूपापयनन्धरम्य, तत्रान्तरे द्यूतमदीव्यतां तौ॥ १४॥

— — — — — — — —

कात्यायनीपाणिसरोजकोश-विलोलिताद्दत्तपितादथेन्दोः।
गर्भोन्वितैकादशवार्षिकोऽभूदभूतपूर्वप्रतिमः कुमारः॥ २०॥

— — — — — — — —

तस्मै वरं साम्बशिवो दयालुः, श्रीकान्यकुब्जेश्वरतामरासीत्॥ २३॥
अत्रान्तरे काचन लातनाख्या, समेत्य देवी गिरिजाहराभ्याम्।
विलीनभूमीपतिकान्यकुब्ज-राज्याधिपत्याय शिशुं ययाचे॥ २४॥

— — — — — — — —

नारायणो नाम नृपः सुतार्थी, यत्रेश्वरं ध्यायति सूर्यवंश्यः।
सा दत्तवती तेन सहामुनास्मिन्नवातरत्काञ्चनमेखलेन॥ २८॥
यस्माद्दयदेहा तमवोचदेषा, राजन्नसावस्तु तवैकसूनुः।
अनेन राष्ट्रं च कुलं तवोढ, राष्ट्रौ(ष्ट्रो)ढनामा वदिह प्रतीतः॥ २६॥

यह गाहड़वाल राठोड़ राष्ट्रकूट ही थे। (यह बात आगे सिद्ध की जायगी) इसलिए राष्ट्रकूटों का सूर्यवंशी होना ही मानना पड़ता है।

---

(१) राष्ट्रकूटों की सब से पहली प्रशस्ति (ताम्रपत्र) राजा अभिमन्यु की मिली है। यद्यपि इस पर संवत् आदि नहीं हैं, तथापि इसके अक्षरों को देखने से इसका विक्रम की सातवीं शताब्दी के प्रारम्भ का होना सिद्ध होता है। इस पर की मुहर में (अम्बिका-के वाहन) सिंह की मूर्ति बनी है। कृष्णराज प्रथम के सिक्के पर उसे "परम माहेश्वर" लिखा है। परन्तु राष्ट्रकूटों के पिछले ताम्रपत्रों में सिंहका स्थान गरुड़ ने लेलिया है। इससे अनुमान होता है कि, पिछले दिनों में इनपर वैष्णवमत का प्रभाव पड़गया था। (भगवानलाल इन्द्रजी ने भी इनके ताम्रपत्रों की मुहरों को देखकर यही अनुमान किया था। जर्नल बॉम्बे एशियाटिक सोसाइटी, भा. १६, पृ. ६) इसीसे भावनगर के गोहिल राजाओं की तरह ये भी सूर्यवंशी के स्थान में चन्द्रवंशी समझे जाने लगे। पहले जिस समय खेड़ (मारवाड़) में गोहिलों का राज्य था, उस समय वे सूर्यवंशी समझे जाते थे। परन्तु काठियावाड़ में आ बसने पर, वैष्णवमत के प्रभाव के कारण, वे चन्द्रवंशी समझे जाने लगे। यह बात इस छप्पय से प्रकट होती है –

"चन्द्रवंशि सरदार गोत्र गौतम वक्खाणू
शाखा माधविसार मक्के प्रवरत्रय जाणूं
अभिदेव उद्धार देव चामुण्डा देवी
पाण्डव कुल परमाण भाय गोहिल चल एवी
विक्रम वध करनार नृप शालिवाहन चक्वे थयो
ते पछी तेज औलादनो सोरठमा सेजक भयो।"

अशोक की गिरनार पर्वत पर खुदी पांचवीं आज्ञा में राष्ट्रकूटों का उल्लेख होने से इनका भी उक्त प्रदेश से सम्बन्ध रहना पाया जाता है।

राष्ट्रकूट और गाहड़वाल

पहले लिखा जा चुका है कि, राष्ट्रकूट वास्तव में उत्तरी भारत के निवासी थे, और वहाँ से दक्षिण की तरफ गये थे। पूर्वोद्धृत सोलंकी त्रिलोचनपाल के, श० सं० ९७२ के, ताम्रपत्र से ज्ञात होता है कि, सोलंकियों के मूल-पुरुष चालुक्य का विवाह कन्नौज के राष्ट्रकूट राजा की कन्या से हुआ था। इसी प्रकार 'राष्ट्रौढवंश महाकाव्य' से भी पहले एकवार कन्नौज में राष्ट्रकूटों का राज्य रहना पाया जाता है।

राष्ट्रकूट राजा लखनपाल का एक लेख[1] वदायू से मिला है। (इस लखनपाल का समय वि० सं० १२५८ (ई० स० १२००) के करीब आता है।[2]) उस में लिखा है:-

" प्रख्याताखिलराष्ट्रकूटकुलजक्ष्मापालदोः पालिता।
पाञ्चालाभिधदेशभूषणकरी वोदामयूतापुरी।
. . . .
तत्रादितोभवदनन्तगुणो नरेन्द्र-
श्चन्द्रः स्वखड्गभयभीषितवैरिवृन्दः।"

अर्थात्-प्रसिद्ध राष्ट्रकूट वंशी राजाओं से रक्षित, और कन्नौज[3] की अलङ्कार रूप, वदायूं नगरी है। वहां पर पहले, अपनी शक्ति से शत्रुओं का दमन करने वाला चन्द्र नामका राजा हुआ

(१) ऐपिग्राफिया इण्डिका, भा० १, पृ० ६४

(२) श्रीयुत सन्याल इस लेखको वि० स० १२५९ (ई० स० १२०२) के पूर्व का अनुमान करते हैं। इस पर आगे विचार किया जायगा।

(३) गाहडवाल चन्द्रदेव के, चन्द्रावती से मिले, वि० स० ११५० के, दानपत्र में भी, वदायूं के लेख की तरह, कन्नौज के लिए पचाल शब्द का प्रयोग किया गया है:—

" चपलपचालपूलपुम्यनचपाचन्द्रहासो . "

(ऐपिग्राफिया इण्डिका, भा० १४, पृ० १९३)

गाहडवाल नरेश चन्द्रदेव का, वि० सं० ११४८ (ई० स० १०९१) का, एक ताम्रपत्र चन्द्रावती (बनारस ज़िले) से मिला है। उसमें लिखा है:–

....

"विध्वस्तोद्धतधीरयोधतिमिरः श्रीचंद्रदेवोनृपः।
येनोदारतरप्रतापशमिताशेषप्रजोपद्रवं
श्रीमद्गाधिपुराधिराज्यमसमं दोर्विक्रमेणार्जितम् ॥"

अर्थात्-इस वंश में (यशोविग्रह का पौत्र) चन्द्रदेव बड़ा प्रतापी राजा हुआ। इसी ने अपने बाहुबल से शत्रुओं को मारकर कन्नौज का राज्य लिया था।

इस ताम्रपत्र में चन्द्रदेव के वंशका उल्लेख नहीं है।

ऊपरकी दोनों प्रशस्तियों पर विचार करने से प्रकट होता है कि, चन्द्रदेव ने पहले बदायूँ लेकर बाद में कन्नौज पर अधिकार करलिया था। इनमें से पहली प्रशस्ति राष्ट्रकूट-वंशी कहाने वाले चन्द्रकी है, और दूसरी कुछ समय बाद गाहड़वाल-वंशी के नाम से प्रसिद्ध होनेवाले चन्द्रकी। परन्तु इन दोनों राजाओं के समय आदि पर विचार करने से दोनों प्रशस्तियों के चन्द्रदेव का एक होना, और उसका कन्नौज विजय कर वहां पर गाहड़वाल-राज्य को स्थापित करना सिद्ध होता है। इनसे यह भी प्रकट होता है कि, चन्द्रदेव से दो शाखायें चलीं। इसका बड़ा पुत्र मदनपाल कन्नौज का राजा हुआ, और छोटे पुत्र विग्रहपाल को बदायूं की जागीर मिली। यद्यपि बदायूं वाले अपने को राष्ट्रकूट ही मानते रहे, तथापि कन्नौजवाले गाधिपुर—कन्नौज के शासक होने से कुछ काल बाद गाहड़वालों[3] के नाम से प्रसिद्ध हो गये।

---

(१) ऐपिग्राफिया इण्डिका, भा० ९, पृ० ३०२–३०५.

(२) चंद बरदाई ने भी विग्रहपाल के वंशज लखनपाल को, जिसका लेख बदायूं से मिला है, शायद जयचंद का भतीजा लिखा है।

(३) डिंगल भाषा में "गाहड" शब्द का अर्थ मजबूती और ताकत होता है। इसलिए यह भी सम्भव है कि, जब इस वंश के नरेशों का प्रताप बहुत बढ़ गया, तब इन्होंने यह उपाधि धारण करली। अथवा जिस प्रकार संयुक्त प्रान्त के रैंका नामक ग्राम में रहने से कुछ राठोड़ 'रैंकवाल' के नाम से प्रसिद्ध होगये, उसी प्रकार गाधिपुर (कन्नौज) में रहने से या वहां के शासक होने से ये राठोड़ भी 'गाहड़वाल' कहाने लगे हों; क्योंकि गाधिपुर के प्राकृत रूप "गाहिउर" का बिगड़कर गाहड़ होजाना कुछ असम्भव नहीं है। इसके बाद जब सीहाजी आदि का सम्बन्ध कन्नौज से छूट गया, तब वे फिर अपने को राठोड़ कहने लगे थे।

इस (गाहडवाल) नाम का प्रयोग युवराज गोविन्दचन्द्र के, वि० सं० ११६१, ११६२, और ११६३, के केवल तीन दानपत्रो में मिलता है।

इन सब बातो का साराश यही निकलता है कि, कन्नौज पर पहले भी राष्ट्रकूटों का राज्य था। उसके बाद वहा पर यथा समय गुप्त, वैस, मौखरी, और प्रतिहारों का राज्य रहा। परन्तु दक्षिण के राष्ट्रकूट राजा इन्द्रराज तृतीय के दानपत्र से ज्ञात होता है कि, उसने, अपनी उत्तरी भारत की चढाई के समय, उपेन्द्र को विजय कर, मेरु (कन्नौज) को उजाड़ दिया था। सम्भवतः उस समय वहाँ पर प्रतिहार महीपाल का राज्य था। इस चढाई के बाद ही प्रतिहारो का राज्य शिथिल पड़ गया, और उनके सामन्त स्वतंत्र होने लगे। इसीसे मौका पाकर, वि० सं० ११११ (ई० स० १०५४) के करीब, राष्ट्रकूट वशी चन्द्र ने पहले बदायू पर कब्जा कर, अन्त में कन्नौज पर भी अधि·

---

(१) "वशे गाहडवालाख्ये बभूव विजयी नृपः।"

(२) लाट (गुजरात) के राष्ट्रकूट राजा ध्रुवराज द्वितीय ने, वि० सं० ९२४ (ई० स० ८६७) में, कनौज के प्रतिहार राजा भोजदेव को हराया था। सम्भवतः इसी भोजदेव के दादा नागभट द्वितीय ने (राष्ट्रकूट इन्द्रायुध के उत्तराधिकारी) चक्रायुध से कनौज का राज्य छीना था।

(राजपूताने का इतिहास, भा. १, पृ० १६१, टि. १)

(३) "कृष्णगोवर्धनोद्धार हेलोन्मूलितमेरुणा।
उपेन्द्रमिन्द्रराजेन जित्वा येन न विस्मितम्"

(जर्नल बॉम्बे एशियाटिक सोसाइटी, भा० १८, पृ० २६१)

यही बात गोविन्दराज चतुर्थ के, श० स० ८५२ के, ताम्रपत्र से भी सिद्ध होती है। उसमें लिखा है कि, इन्द्रराज तृतीय ने, अपने सवारों के साथ, यमुना को पार कर, कन्नौज को उजाड दिया था·—

"तीर्णा यत्तुरगैरगाधयमुना सिन्धुप्रतिस्पर्द्धिनी
येनेद हि महोदयारिनगरं निर्मूलमुन्मूलितम्।"

(४) इससे पहले, वि० स० ८४२ और ८५० (ई० स० ७८५ और ७९३) के बीच, राष्ट्रकूट ध्रुवराज का राज्य उत्तर में अयोध्या तक फैल गया था। इसके बाद, वि० स० ९३२ और ९७१ (ई० स० ८७५ और ९१४) के बीच, राष्ट्रकूट कृष्णराज द्वितीय के समय उसके राज्य की सीमा गङ्गा के किनारे तक जा पहुंची थी, और वि० सं० ९९७ और १०२३ (ई० स० ९४० और ९६६) के बीच राष्ट्रकूट कृष्णराज तृतीय के समय उसके राज्य की सीमा ने गङ्गा को पार करलिया था।

कार करलिया। इसके बाद कन्नौज की गद्दी इसके बडे पुत्र मदनपाल को मिली, और छोटा पुत्र इसकी जिंदगी मे ही बदायू का शासक बना दिया गया।

इसके बाद, जिस समय राजा जयचन्द्र के पुत्र हरिश्चन्द्र से कन्नाज प्रान्त छीनलिया गया, उस समय उसके वशज खोर की तरफ होते हुए महुई (फर्रुखाबाद जिले) में जारहे। परन्तु, जब वहा पर भी मुसलमानो ने अधिकार करलिया, तब जयचन्द्र का पौत्र (बरदाई सेन का छोटा पुत्र) सीहा, वहा से तीर्थयात्रा को जाता हुआ, मारवाड मे आपहुचा। यहा पर आज तक उसके वशजो का राज्य है, और वे अपने को सूर्यवशी राठोड़ जयचन्द्र के वशज मानते है।

महुई के एक खडहर को वहा के लोग अब तक "सीहाराव का खेड़ा" के नाम से पुकारते हैं। राव सीहा के वंशज राव जोधाजी थे। इन्होंने, वि० स० १५१६ (ई० स० १४५९) में, जोधपुर के किले और शहर की नींव रक्खी थी।

राव जोधा के ताम्रपत्र की सनद से पता चलता है कि, लुम्ब ऋषि नामका सारस्वत ब्राह्मण, सीहाजी के पोत्र धूहड़जी के समय, कन्नौज से इन (राष्टकूट नरेशों) की इष्टदेवी चक्रेश्वरी की मूर्ति लेकर मारवाड़ में आया था, और उसकी स्थापना नागाणा नामक गाँव म की गयी थी।

किसी किसी हस्तलिखित प्राचीन इतिहास में इस मूति का कल्याणी से लाया जाना लिखा है। परतु इस (कल्याणी) से भी कन्नोज के "कल्याण कटक" का तात्पर्य लिया जाता है।

इन सब बातो पर गौर करने से राष्ट्रकूटों और गाहड़वालो का एक होना सिद्ध होता है।

डाक्टर हॉर्नले (Hornle) गाहडवाल वश को पालवश की शाखा मानते हैं। उनका अनुमान है कि, पालवशी महीपाल के ज्येष्ठ पुत्र नयपाल के वशजो ने गौड़ देश मे राज्य किया, और छोटे पुत्र चन्द्रदेव ने कन्नाज का राज्य लिया। परन्तु यह ठीक प्रतीत नहीं होता, क्योंकि न तो पाल वशियो के लेखों में

(१) कुछ लोग इस दक्षिण का कोंकन मानते हैं। परन्तु उनका ऐसा मानना उपर्युक्त प्रमाणों के होते हुए ठीक प्रतीत नहीं होता।

उनके गाहड़वाल वंशी होने का उल्लेख है, न गाहड़वालों की प्रशस्तियों में उनके पालवंशी होने का। दूसरा, पालवंश का स्वतन्त्र राज्य स्थापन करने वाले गोपाल प्रथम से लेकर, उस वंश के अन्तिम नरेश तक, सब ही राजाओं के नामों के अन्तमें "पाल" शब्द लगा है; परन्तु गाहड़वाल वंश के आठ राजाओं में केवल एक राजा के नाम के पीछे ही यह (पाल) शब्द लगा मिलता है।

तीसरा, केवल एक शब्द के दो पुरुषों के नामों में मिलने से वे दोनों पुरुष एक नहीं माने जा सकते। आगे दोनों वंशों के राजाओं के नाम दिये जाते हैं:—

पालवंशी राजा	गाहड़वाल वंशी राजा
विग्रहपाल	यशोविग्रह
महीपाल	महीचन्द्र
नयपाल	चन्द्रदेव

इनमें के विग्रहपाल और यशोविग्रह में "विग्रह", और महीपाल और महीचन्द्र में 'मही' शब्द समान हैं। इतिहास से प्रकट है कि, पालवंशी महीपाल बड़ा प्रतापी राजा था। उसने अपने भुजबल से ही पिता के गये हुए राज्यको फिर से हस्तगत किया था; और अपने पुत्र (?) स्थिरपाल और वसन्तपाल द्वारा काशी में अनेक मन्दिर बनवाये थे। परन्तु गाहड़वाल महीचन्द्र एक स्वतंत्र शासक भी नहीं था। ऐसी हालत में, केवल ऐसे समान शब्दों के आधार परही, दो भिन्न पुरुषों को एक मान लेना हठ मात्र है[1]। चौथा, पालवंशियों के शिलालेखों में विक्रम संवत् न लिखा जाकर उनका राज्य संवत् लिखा जाता था[2]।

(१) पालवंशी महीपाल के, वि० स० १०८३ (ई० स० १०२६) के, शिलालेख और गाहड़वाल चन्द्र के सब से पहले, वि० स० ११४८ (ई० स० १०९१) के, ताम्रपत्र में ६५ वर्ष का अन्तर है। ऐसी हालत में इन दोनों के बीच पिता पुत्र का सम्बन्ध मानना ठीक प्रतीत नहीं होता। इसके अलावा चन्द्रदेव का अन्तिम ताम्रपत्र वि० सं० ११५६ (ई० स० १०९९) का है, जो इस सम्बन्ध में और भी सन्देह उत्पन्न करता है।

(२) पालवंशियों के लेखों में महीपाल का ही एक लेख ऐसा मिला है, जिसमें विक्रम संवत् (१०८३) लिखा है।

परन्तु गाहड़वालों की प्रशस्तियों में उनके राज्य संवत् का उल्लेख न होकर विक्रम संवत् का प्रयोग होता था। पाचवा, पालवंशी राजा धर्मपाल का विवाह राष्ट्रकूट राजा परबल की पुत्री से, और पालवंशी राजा राज्यपाल का विवाह राष्ट्रकूट राजा तुङ्ग की कन्या से हुआ थों। पहले राष्ट्रकूटो और गाहड़वालों का एक होना सप्रमाण सिद्ध किया जा चुका है। ऐसी हालत में मिस्टर हार्नले का यह अनुमान ठीक नहीं होसकता।

मिस्टर विन्सेंटस्मिथ उत्तरी राष्ट्रकूटों (राठोड़ों) को गाहड़वालों के वंशज मानते हैं, और दक्षिणी राष्ट्रकूटों को दक्षिण की अनार्य जाति की सन्तान अनुमान करते हैं। परन्तु उपर्युक्त प्रमाणों के होते हुए यह अनुमान भी सिद्ध नहीं होता। इसके अलावा सोलङ्कियों और यादवों की कन्याओं से दक्षिणी राष्ट्रकूटों का विवाह होना भी इन्हें शुद्ध क्षत्रिय प्रमाणित करता है।

काश्मीरी पंडित कह्लण ने, वि० सं० की बारहवीं शताब्दी में, 'राज-तरंगिणी' नामका काश्मीर का इतिहास लिखा था। उसके सातवें तरङ्ग के एक श्लोक[३] से ज्ञात होता है कि, उस समय भी क्षत्रियों के ३६ कुल माने जाते थे। जयसिंह ने वि० सं० १४२२ में 'कुमारपालचरित' बनाना प्रारम्भ किया था। उस में दिये क्षत्रियों के ३६ वंशों के नामों में केवल "राट" नाम ही मिलता है, गाहड़वालों का नाम नहीं दिया है। इसी प्रकार 'पृथ्वीराज रासो' में राठोड़ वंशका नाम ही मिलता है, गाहड़वाल वंश का उल्लेख नहीं है। साथही उसमें जयचन्द को राठोड़ लिखा है।

---

(१) एक वंश में विवाह न करने का नियम पूरी तौर से पालन नहीं किया जाता था। इस विषय का खुलासा 'अन्य आक्षेप नामक अध्याय की चौथी शङ्का के उत्तर में मिलेगा। (देखो पृ ३१)

(२) अर्ली हिस्ट्री ऑफ इण्डिया (ई० स० १९२४) पृ० ४२९ ४३०

(३) "प्रख्यापयन्त संभूतिं षट्त्रिंशति कुलेषु ये।
तेजस्विनो भास्वतोपि सहन्ते नोच्चकैः स्थितिम्॥ १६१७।"

(तरङ्ग ७)

रामपुर (फर्रुखाबाद जिले में) का राजा, खिमसेपुर (मैनपुरी जिले में) का राव, और सुरजई और सोरड़ा के चोधरी भी अपने को जयच्चन्द्र के पुत्र जजपाल के वंशज, और राठोड़ कहते हैं। इसी प्रकार निजेपुर, माडा आदि के राजा भी अपने को जयचन्द्र के भाई माणिकचन्द्र की औलाद में समझते हैं, और चंद्रवशी गाहड़वाल राठोड़ कहाते हैं। इन बातों से भी गाहड़वालों का राष्ट्रकूटों (राठोड़ो) की ही एक शाखा होना सिद्ध होता है।

ऐसी हालत में, इतने प्रमाणो के होते हुए, राष्ट्रकूटो और गाहड़वालों को भिन्न वशी मानना उचित प्रतीत नहीं होता।

सेट माहेठ से मिले, वि० स० ११७६ (ई स० १११८) के, बोद्ध लेख[2] में गोपाल के नाम के साथ "गाधिपुराधिप" (कन्नोजनरेश) की उपाधि लगी होने से, श्रीयुत एन. बी. सन्याल उस लेख के गोपाल और उसके उत्तराधिकारी मदनपाल को, और बदायू के राष्ट्रकूट नरेश लखनपाल के लेख के गोपाल और मदनपाल को एक ही अनुमान करते हैं[3]। उनके मतानुसार, गोपाल ने ईसवी सन् की ११ वीं शताब्दी के चतुर्थ पाद में (अर्थात्–वि० स० १०७७=ई० स० १०२० के करीब कन्नोज के प्रतिहार वश की समाप्ति होने, और ईसवी सन् की ११ वीं शताब्दी की समाप्ति के करीब गाहड़वाल चन्द्र के कन्नोज राज्य की स्थापना करने के बीच) वहा (कन्नाज) पर अधिकार कर लिया था। इसके बाद गाहड़वाल वशी चन्द्र ने इसी गोपाल से वहा का अधिकार छीना था। इसी से उपर्युक्त सेट माहेठ के लेख में गोपाल के नाम के साथ "गाधिपुराधिप" की उपाधि लगी है।

---

(१) शम्साबाद के लोगों का कहना है कि, कनौजके छिनजानेपर जयचन्द्र के कुछ वशज नैपाल की तरफ चले गये थे। ये अपने को राठोड़ कहते है। आजसे करीब ५० वर्ष पूर्व तक जब कभी उनके यहा विवाह आदि मागलिक कार्य होता था, तब वे यहा (शम्साबाद) से एक ईंट मगवाते थ। इससे उनका मातृ-भूमि प्रेम प्रकट होता है।

(२) इण्डियन ऐण्टिक्वेरी, भा० २४, पृ० १७६

(३) जर्नल बगाल एशियाटिक सोसाइटी, (१६२५) भा० २१, पृ० १०२

श्रीयुत सन्याल ने अपने इस मत के समर्थन में सोलकी त्रिलोचनपाल के, सूरत से मिले, श० स० ९७२ (वि० सं० ११०७=ई० स० १०५०) के, ताम्रपत्र से यह श्लोक उद्धृत किया है –

"कान्यकुब्जे महाराज ! राष्ट्रकूटस्य कन्यकाम्
लब्ध्वा सुखाय तस्या त्व चालुक्याप्नुहि सततिम् ॥"

इससे, पूर्व काल में किसी समय कन्नौज पर राष्ट्रकूटों का राज्य होना पाया जाता है। परन्तु मि० सन्याल इस शाखा को, और सेट माहेठ से मिले लेख वाली शाखा को एक मान कर अपने पहले लिखे अनुमान की पुष्टि करते हैं। आगे उनके मत पर विचार किया जाता है -

प्रतिहार त्रिलोचनपाल के, वि. स १०८४(ई. स १०२७) के, ताम्रपत्र से और यश पाल के, वि स १०९३ (ई स १०३६) के, लेखों से सिद्ध होता है कि, सम्भवत वि. स १०९३ (ई स १०३६) के बाद भी कन्नोज पर प्रतिहार नरेशों का राज्य रहा था। गाहड़वाल नरेश चन्द्र के वि स. ११४८ (ई स १०९१) के ताम्रपत्रों में लिखा है –

"तीर्थानि काशिकुशिकोत्तरकोशलेन्द्र
स्थानीयकानि परिपालयताभिगम्य।
हेमात्मतुल्यमनिश ददता द्विजेभ्यो
येनाङ्किता वसुमती शतशस्तुलाभि ॥'

इस श्लोक में, चन्द्र के काशी, कुशिक, और उत्तर कोसल पर के अधिकार का उल्लेखकर, उसके किये सुवर्ण के अनेक तुलादानो का वर्णन दिया है।

इससे ज्ञात होता है कि, चन्द्र को उन प्रदेशों के जीतने में अवश्य ही कुछ वर्ष लगे होंगे, और इसी से उसने इस ताम्रपत्र के लिखे जाने के बहुत पूर्व ही कन्नौज पर अधिकार करलिया होगा।

---

(१) इण्डियन ऐण्टिक्वेरी भा० १२, पृ० २०१
(२) इण्डियन ऐण्टिक्वेरी, भा० १८, पृ ३४
(३) जर्नल बंगाल एशियाटिक सोसाइटी, भा ५ पृ ७३१
(४) ऐपिग्राफिया इण्डिका, भा ९, पृ ३०४

ऐसी हालत में यह अनुमान करना कि, चन्द्र ने ईसवी सन् की ११ वीं शताब्दी के अन्तिम भाग में कन्नौज विजय किया था, और इसके पूर्व (अर्थात्-इसी शताब्दी के चतुर्थ भाग में) वहां पर बदायू की राष्ट्रकूट शाखा के गोपाल का अधिकार था युक्ति संगत प्रतीत नहीं होता।

श्रीयुत सन्याल, कुतुबुद्दीन ऐबक के ई. स. १२०२ (वि. सं. १२५९) में बदायूं पर अधिकार कर उसे शम्सुद्दीन अल्तमश को जागीर में देदेनेसे, वहां से मिले लखनपाल के लेखको उस समय से पहले का मानते है।

इस मत के अनुसार, यदि लखनपाल का लेख इससे एक वर्ष पूर्व (वि० स० १२५८=ई० स० १२०१) का मानलिया जाय, तो उसके और सेट माहेठ से मिले मदन के, वि० सं० ११७६ (ई० स० १११८) के (बौद्ध), लेख के बीच करीब ८२ वर्ष का अन्तर आवेगा। यह बदायूं के मदन से लेकर (उसके बाद की) लखनपाल तक की ४ पीढियो के लिए उचित ही है। साथ ही यदि उस यवन आक्रमण का समय (जिसमें, श्रीयुत सन्याल के मतानुसार, मदन ने गाहड़वाल नरेश गोविंदचन्द्र के सामन्त की हैसियत से युद्ध किया था), जिसका उल्लेख गोविन्दचन्द्र की रानी कुमार देवी के (बौद्ध) लेख में मिलता है, वि० सं० ११७१ (ई० स० १११४) में मानलिया जाय, और उसमें से मदन के पहले की (चन्द्र तक की) ३ पीढियो के लिये ६० वर्ष निकाल दिये जाँय, तो चन्द्र का समय वि० स० ११११ (ई० स० १०५४) के करीब आवेगा। ऐसी हालत में अनुमान के आधार पर चन्द्र का जन्म वि० सं० १०९० (ई० स० १०३३) के करीब मान लेने से उसका वि० सं० ११५७ (ई० स० ११००) (अर्थात्–६७ वर्ष की आयु) तक जीवित रहना असम्भव नहीं कहा जासकता। चन्द्र का वृद्धावस्था तक जीवित रहना, उसके वि० सं० ११५४ (ई० स० १०९७) में अपनी वृद्धावस्था के कारण अपने पुत्र (कन्नौज के) मदनपाल को राज्य–भार सौप देने, और इसके तीनवर्ष बाद वि० सं० ११५७

(१) इलियट्स हिस्ट्री ऑफ इण्डिया, भा. २. पृ. २३२ और तबकातेनासिरी (रेवर्टी का Raverty's अनुवाद), पृ. ५३०

(२) ऐपिग्राफिया इण्डिका, भा० १, पृ० ६४

(३) ऐपिग्राफिया इण्डिका, भा० ९, पृ० ३२४

(ई० स० ११००) में स्वर्गवासी हो जाने से भी सिद्ध होता है। परन्तु उस समय तक उसका पुत्र मदन भी युवावस्था को पार कर चुका था। इसलिए उसने भी वि० स० ११६१ (ई० स० ११०४) मे, शायद अपनी शारीरिक दुर्बलता के कारणही, अपने पुत्र गोविन्दचन्द्र को अपना युवराज बनालिया था, और वि० स० ११६७ (ई० स० १११०) मे उस (मदन) की मृत्यु होगई।

चन्द्र की मृत्यु वि० स० ११५७ (ई० स० ११००) मे मानी गई है। इससे अनुमान होता है कि, बदायू के लेखका विग्रहपाल (जिसको चन्द्रका छोटा पुत्र होने के कारण बदायू की जागीर मिली थी), और उसका पुत्र भुवनपाल शायद चन्द्र के जीतेजी ही मरचुके थे, और चन्द्र की मृत्यु के समय बदायू पर गोपाल का अधिकार था। यह भी सम्भव है कि, चन्द्र ने अपने छोटे पुत्र विग्रहपाल और उसके पुत्र भुवनपाल के वि० स० ११५४ (इ० स० १०९७) के पूर्व मर जाने के कारण, विरक्त होकर ही, अपने बड़े पुत्र मदनपाल को कन्नौज का अधिकार सौंप दिया हो। परन्तु चन्द्र के जीवित रहने से, (भुवनपाल के पुत्र) गोपाल के बदायू की गद्दी पर बैठने पर भी, कुछ काल तक कन्नौज और बदायू के घरानों में घनिष्ट सम्बन्ध बना रहा हो। इस कारण से, या गोविन्दचन्द्र का जन्म देरसे होने के कारण गोपाल के कन्नौज की गद्दी पर गोद आने की सम्भावना से, या फिर ऐसे ही किसी अन्य कारण से, गोपाल के नाम के साथ भी "गाधिपुराधिप" की उपाधि लगाई जाती हो। परन्तु उस (गोपाल) के पुत्र मदनपाल के समय, उन कारणों के न रहने या दोनों घरानो में राजा और सामन्त का सा सम्बन्ध स्थापित हो जाने से, मदन को इस उपाधि के उपयोग करने का अधिकार न रहा हो। फिर यह भी सम्भव है कि, कुछ समय बाद शायद स्वयं गोपाल के नाम के साथ भी इस उपाधि का उपयोग अनुचित समझा जाने लगा हो। हाँ, यदि वास्तव में ही गोपाल ने कन्नौज विजय किया होता, तो बदायू के लेख में भी इसके नाम के आगे यह उपाधि अवश्य लगी मिलती।

बदायू से मिले लेख के लेखक ने (अपने आश्रयदाता के पूर्वज) मदनपाल के, गाहड़वाल-नरेश गोविन्दचन्द्र के सामन्त की हैसियत से किये, युद्ध का उल्लेख इस प्रकार किया है —

"यत्पौरुषात्प्रवदत सुरसिन्धुतीर
हम्मीरसंगमकथा न कदाचिदासीत्"

अर्थात्–जिस मदनपाल के अतुल पराक्रम के सामने मुसलमानो के गगा तक पहुँचने का खयाल भी नहीं किया जाता था।

ऐसी हालत में यदि मदन के पिता गोपाल ने कन्नौज विजय जैसा प्रशसनीय कार्य किया होता, तो उसका उल्लेख भी वह अवश्य करता।

इन सब बातो पर विचार कर बदायूं के चन्द्रदेव को, और कन्नौज विजयी चन्द्र को एक मान लेने से सारी गड़बड़ दूर हो जाती है; और साथ ही इसमें किसी प्रकार की आपत्ति भी नजर नहीं आती।

सोलकी त्रिलोचनपाल के, वि० स० ११०७ (ई. स. १०५०) के, ताम्रपत्र में कन्नौज के जिस राष्ट्रकूट घराने का उल्लेख है, वह बहुत पुराना होना चाहिये; क्योंकि उसी घराने में चालुक्य (सोलंकी) वंश के मूल पुरुष का विवाह होना लिखा है। ऐसी हालत में त्रिलोचनपाल के ताम्रपत्र वाले राष्ट्रकूट वंश, और सेट माहेठ के लेख वाले राष्ट्रकूट वश के बीच सम्बन्ध स्थापित करना सम्भव प्रतीत नहीं होता।

अन्य आक्षेप

इस अध्याय में राष्ट्रकूटों और गाहड़वालो की एकता पर की गई अन्य शङ्काओं पर विचार किया जायगा।

बहुत से प्राच्य और पाश्चात्य ऐतिहासिक दक्षिण के राष्ट्रकूटों और कन्नौज के गाहड़वालों को एक वंश का मानने में संकोच करते हैं, और अपने मन की पुष्टि में आगे लिखे कारण उपस्थित करते हैं:—

१—राष्ट्रकूटों के लेखों में उनको चन्द्रवंशी लिखा है; परन्तु गाहड़वाल अपने को सूर्यवंशी लिखते हैं।

२—राष्ट्रकूटों का गोत्र गौतम, और गाहड़वालों का काश्यप है।

३—गाहड़वालो की प्रशस्तियों में उनको राष्ट्रकूट न लिखकर गाहड़वाल ही लिखा है।

४—राष्ट्रकूटों और गाहड़वालों के बीच विवाह सम्बन्ध होते हैं।

५—अन्य क्षत्रिय गाहड़वालों को उच्च वंश का नहीं मानते।

आगे इन पर क्रमश: विचार किया जाता है:—

१—'राष्ट्रकूटों का वंश' शीर्षक अध्याय में इनके वंश के विषय में विचार किया जा चुका है। परन्तु उन प्रमाणों को छोड़ कर यदि साधारण तौर से विचार किया जाय, तो भी ऐतिहासिकों के लिए यह सूर्य, चन्द्र, और अग्निवंश का झगड़ा पौराणिक कल्पना मात्र ही है; क्योंकि एक ही वंश के राजाओं के लेखों में, किसी में उनको सूर्यवंशी, किसी में चन्द्रवंशी, और किसी में अग्निवंशी लिख दिया है। आगे इस प्रकार के कुछ उदाहरण उद्धृत किये जाते हैं:—

उदयपुर के वीर-शिरोमणि महाराणाओं का वंश, भारत में, सूर्यवंश के नाम से प्रसिद्ध है। परन्तु वि० सं० १३३१ (ई० सं० १२७४) के, चित्तोड़-गढ़ से मिले, एक लेख में लिखा है:—

> "जीयादानन्दपूर्वं तदिह पुरमिलाखंडसौन्दर्यशोभि-
> क्षोणी प्र (पृ) ष्ठस्थमेव त्रिदशपुरमधः कुर्व्वदुच्चैः समृद्धया।

यस्मादागत्य विप्रश्चतुरुदधिमहीवेदिनिक्षिप्तयूपो-
वप्पाख्यो वीतरागश्चरणयुगमुपासीत हारीतराशेः ॥"

अर्थात्–(महाराणाओं के वंश के संस्थापक) बप्प नामक ब्राह्मण ने, आनदपुर से आकर, हारीतराशि की सेवा की।

यही बात समरसिंह के, आबू पर्वत पर के (अचलेश्वर के मदिर के पास वाले मठ से मिले), वि० सं. १३४२ (ई. स. १२८५) के, लेख से भी प्रकट होती है।

राणा कुंभा के समय बने 'एकलिंगमाहात्म्य' में लिखा है:–

"आनन्दपुरविनिर्गतविप्रकुलानन्दनो महीदेवः।
जयति श्रीगुहदत्तः प्रभवः श्रीगुहिलवंशस्य ॥"

अर्थात्–आनन्दपुर से आने वाला, और ब्राह्मण वंश को आनन्द देने वाला गुहदत्त गुहिलवंश का संस्थापक था।

जयदेव कवि रचित 'गीतगोविन्दे' की, स्वयं महाराणा कुंभा की लिखी, 'रसिकप्रिया' नाम की टीका में लिखा है:—

"श्रीवैजवापेनसगोत्रवर्यः श्रीवप्पनामा द्विजपुङ्गवोऽभूत्।
हरप्रसादादपसादराज्यप्राज्योपभोगाय नृपोभवद्यः।"

अर्थात्–वैजवापगोत्री ब्राह्मण बप्प ने शिव की कृपा से राज्य प्राप्त किया।

गुहिलोत बालादित्य के, चाटसू (जयपुर राज्य) से मिले, लेख में लिखा है:–

"ब्रह्मक्षत्रान्वितोऽस्मिन् समभवदसमे"

अर्थात्–इस वंश में (परशुराम के समान) ब्राह्म, और क्षात्र तेजो को धारण करने वाला (भर्तृभट) राजा हुआ (यहा पर कविने "ब्रह्मक्षत्र" में श्लेष रख कर अर्थ को बड़ी खूबी से प्रकट किया है)

इन अवतरणों से प्रकट होता है कि, गुहिलोत वंश का संस्थापक वैजवाप गोत्री नागर ब्राह्मण था। परन्तु क्या ऐतिहासिक इस बात को मानने के लिए तैय्यार हैं?

यही हाल सोलंकी (चालुक्य) वश का है। सोलंकी विक्रमादित्य (छठे) के लेख में लिखा है:—

"ओंस्वस्ति समस्तजगत्प्रसूतेर्भगवतो-
ब्रह्मणः पुत्रस्यात्रेर्नेत्रसमुत्पन्नस्य यामिनी-
कामिनीललामभूतस्य सोमस्यान्वये...
श्रीमानस्ति चालुक्यवंशः।"

अर्थात्--चन्द्र के कुल में चालुक्य वंश हुआ।

यही बात इनकी अन्य अनेक प्रशस्तियों, हेमचन्द्र रचित 'द्व्याश्रयकाव्य,' और जिनहर्षगणि रचित 'वस्तुपाल चरित' से भी प्रकट होती है ॥

सोलंकी कुलोत्तुंगचूड़देव (द्वितीय) के, वि. सं १२०० (ई स. ११४३) के, ताम्रपत्र में इनको चन्द्रवंशी, मानव्य गोत्री, और हारीतिका वंशज लिखा है।

काश्मीरी कवि बिल्हण ने, अपने बनाये 'विक्रमाङ्कदेव चरित' नामक काव्य में, इस (चालुक्य=सोलंकी) वंशकी उत्पत्ति ब्रह्मा के चुल्लू (अंजलि) के जलसे लिखी है। इसका समर्थन सोलंकी कुमारपाल के समय के वि. सं १२०८ (ई स ११५१) के लेख, खंभात के कंथुनाथ से मिले लेख, और त्रिलोचनपाल के वि. स. ११०७ (ई. स १०५०) के ताम्रपत्र आदि से भी होता है।

हैहय (कलचुरी) वंशी युवराजदेव (द्वितीय) के समय के, बिल्हारी (जबलपुर जिले) से मिले, लेख में चालुक्य वंश का द्रोण के चुल्लू से उत्पन्न होना लिखा है।

'पृथ्वीराजरासो' में सोलंकियों को अग्निवंशी लिखा है, और इस समय के सोलंकी (और बघेले) भी अपने पूर्वज चालुक्य को वशिष्ठ की अग्नि से उत्पन्न --हुआ मानते हैं।

आगे चौहानवंश की उत्पत्ति पर विचार किया जाता है --

कर्नल जेम्सटॉड को मिले, वि सं १२२५ (ई स ११६८) के, हांसी के किले वाले लेख में, और देवडा (चौहान) राव लुंभा के, आबू पर्वत पर के (अचलेश्वर के मंदिर से मिले), वि स १३७७ (ई स १३२०) के, लेखमें चाहमान (चौहान) वंश का चन्द्रवंशी और वत्सगोत्री होना लिखा है।

वीसलदेव (चतुर्थ) के समय के लेख में, नयचन्द्रसूरि रचित 'हम्मीर महाकाव्य' में, और 'पृथ्वीराजविजय' में इस वंश को सूर्यवंशी कहा है। परन्तु 'पृथ्वीराजरासो' में चाहानों का अग्निवंशी होना लिखा है। आजकल के चौहान भी अपने पूर्वज का वशिष्ठ के अग्निकुंड से उत्पन्न होना मानते हैं।

---

(१) एपिग्राफिया इण्डिका, भा १२ २४७

(२) सोलंकियों की एक शाखा

इसी प्रकार परमार वंशकी उत्पत्ति के विषय में भी मतभेद है:-

पद्मगुप्त (परिमल) रचित 'नवसाहसाङ्कचरित' में इस वंश की उत्पत्ति वशिष्ट के अग्निकुण्ड से लिखी है। इस वंशवालों के लेखों, और धनपाल रचित 'तिलकमंजरी' से भी इस की पुष्टि होती है। परन्तु हलायुध ने अपनी 'पिङ्गलसूत्रवृत्ति' में एक श्लोक उद्धृत किया है। उस में परमार-वंशी राजा मुञ्ज को "ब्रह्मक्षत्रकुलीन." लिखा है। यह विचारणीय है।

मालवे की तरफ के आजकल के परमार अपने को सुप्रसिद्ध राजा विक्रमादित्य के वंशज बतलाते हैं। परन्तु इनके पूर्वजों की प्रशस्तियों आदि से इस बात की पुष्टि नहीं होती।

यही हाल प्रतिहार (पड़िहार) वंश का है। कहीं पर इस वंश को ब्राह्मण हरिश्चंद्र और क्षत्रियाणी भद्रा की संतान लिखा है, तो कहीं पर वशिष्ठ के अग्निकुण्ड से उत्पन्न हुआ माना है।।

इन अवतरणों पर विचार करने से ज्ञात होता है कि, सम्भवतः, इसी प्रकार की गड़बड़ राष्ट्रकूट वंश के विषय में भी की गई है। वास्तव में देखा जाय तो यह सब झमेला पौराणिक कथाओं के अनुकरण से उत्पन्न हुआ है; इसलिए ऐतिहासिक दृष्टि से विशेष महत्व नहीं रखता।

२– विज्ञानेश्वर ने लिखा है कि, क्षत्रियों का गोत्र, और प्रवर उनके पुरोहित के गोत्र, और प्रवर के अनुसार होता है। इससे ज्ञात होता है कि, विक्रम की १२ वीं

---

(१) "विप्र श्रीहरिचन्द्राख्य पत्नी भद्रा च क्षत्रिया ।
ताभ्यान्तु [ये सुता] जाता [प्रतिहा] रांश्च तान्विदुः ॥ ५ ॥"
(प्रतिहार बाउक का ८९४ का लेख)

परन्तु इसी लेख में, पहले, प्रतिहार वंश का लक्ष्मण से, जो अपने भाई रामचन्द्र का प्रतिहार (द्वारपाल) था, उत्पन्न होना प्रकट किया है:-

'स्वभ्राता रामचन्द्रस्य प्रतिहार्यं कृतं यतः ।
श्रीप्रति(ती)हारवंशोयमतश्चोन्नतिमाप्नुयात् ॥ [४]"

(२) दक्षिण के कलचुरि वंशी विज्जल के, श० सं० १०८४ के लेख में, मापवड़की शत्रुता के कारणही, राष्ट्रकूटों को दैत्यवंशी लिख दिया है।

(एपिग्राफिया इण्डिका, भा० ५, पृ० १९)

(३) "राजन्यविशां पुरोहितगोत्रप्रवरौ वेदितव्यौ"। (पौरोहित्यान् राजन्यविशां प्रवृणीते इत्याह आश्वलायन.")

शताब्दी तक क्षत्रियों का गोत्र, और प्रवर उनके पुरोहित के गोत्र, और प्रवर के अनुसार ही समझा जाता था। इसलिए सम्भव है, प्रतिहार कन्नौज की तरफ आने पर, अपने पुराने पुरोहित छूट जाने से, राष्ट्रकूटों ने नये पुरोहित नियत करलिए हों, और इसी से इनका गोत्र बदल कर गौतम के स्थान में काश्यप हो गया हो। अथवा पहले ये काश्यप गोत्री ही रहे हों। परन्तु मारवाड़ में आने पर, पुरोहित के बदल जाने से, इन्होंने गौतम गोत्र धारण करलिया हो।

राजाओं की प्रशस्तियों में, बहुधा, उनके गोत्रों का उल्लेख नहीं मिलता है। सम्भव है, इसीसे ये अपना पुराना गोत्र भूल कर काश्यप गोत्री बन गये हों। इस प्रकार का गोत्र परिवर्तन अनेक स्थानों पर देखने में आता है। ऐसी हालत में, चिरकाल से एक समझे जानेवाले राष्ट्रकूट और गाहड़वाल वंश को, केवल गोत्रों के आधार पर, एक दूसरे से भिन्न मानलेना उचित प्रतीत नहीं होता।

३-प्रतिहार बाउक का एक लेख जोधपुर से मिला है। उसमें लिखा है—

"भट्टिक देवराजं यो वल्लमण्डलपालकम्।
निपात्य तत्क्षणं भूमौ प्राप्तवान् छत्रचिह्नकम्॥"

अर्थात्—जिसने वल्लमंडल के भाटी राजा देवराज को मारकर छत्र प्राप्त किया था।

तथा—

"[भट्टि] वंशविशुद्धायां ततस्माच्च कक्कभूपतेः।
श्रीपद्मिन्यां महाराज्ञ्यां जातः श्रीबाउकः सुतः॥ २६॥

अर्थात्—प्रतिहार नरेश कक्क के, भाटी वंश की रानी से, बाउक नाम का पुत्र हुआ।

(याज्ञवल्क्य स्मृति विवाह प्रकरण—
असमानप्रवरैर्विवाह गोत्रजा (श्लो० ५३) की टीका)

विक्रम की दूसरी शताब्दी के प्रारम्भ में होने वाले कवि अश्वघोष के बनाये 'सौन्दरानन्द महाकाव्य' से भी इस बात की पुष्टि होती है। उसमें लिखा है—

'गुरोर्गोत्रादतः कौत्सास्ते भवन्तिस्म गौतमाः॥ २२॥

(सौन्दरानन्द, सर्ग १)

Missing Page

Page No. 31

This page is missing in the source file, if you find this page in future, please share with us at books@gyanbooks.com for the betterment of future readers and the society.

५–उस समय की प्रशस्तियो को देखने से यह कल्पना ही निर्मूल प्रतीत होती है, क्योकि युवराज गोविन्दचन्द्र के, वि. स ११६६ (ई स ११०९) के, ताम्रपत्र में लिखा है –

"याधस्ते सूर्यसोमोद्भवविदितमहाक्षत्रवंशद्वयेऽस्मिन्
उत्सन्नप्रायवेदध्वनि जगदखिलं मन्यमान स्वयंभू ।
कृत्वा देहग्रहाय प्रारभिह मन शुद्धबुद्धिर्धरित्र्यां
उद्धर्तुंधर्ममार्गान् प्रथितमिह तथा क्षत्रवंशद्वय च ॥
वंशे तत्र तत स एष समभूद्भूपालचूडामणि ।
प्रध्वस्तोद्धतवैरिवीरतिमिर श्रीचन्द्रदेवो नृप ॥"

अर्थात्–सूर्य और चन्द्रवशी राजाओं के नष्ट होजाने से जब ससार में वैदिक धर्म का ह्रास होने लगा, तब स्वय ब्रह्मा ने उसके उद्धार के लिए चद्रदेव के रूप में इस वश मे अवतार लिया।

इससे प्रकट होता है कि गाहडवाल वश उस समय भी बडी श्रद्धा की दृष्टि से देखा जाता था।

अन्य शुद्ध क्षत्रिय वशो के साथ इनका विवाह सम्बन्ध होना भी इस शङ्काको निर्मूल सिद्ध करता है।

अत में सब प्रमाणो पर विचार करने से सिद्ध होता है कि, राष्ट्रकूटो की ही एक शाखा गाहडवाल के नाम से प्रसिद्ध हुई थी। इस विषय पर पहले "राष्ट्रकूट और गाहडवाल" नामक अध्याय में भी विचार किया जाचुका है।

(१) कुछ लोगों का अनुमान है कि, जिस प्रकार राठोडों और सासोदियों–दोनों ही के वशों में चूडावत, ऊदावत, और रूपमालोत नाम की शाखाऐं चली है, उसी प्रकार सभव है, राष्ट्रकूट वश में भी कोई दूसरी यादव नाम की शाखा चली हो और उसी में आगे चलकर सात्यकि नाम का व्यक्ति विशेष भी उत्पन्न हुआ हो। परन्तु विद्वान लोगों ने नाम-साम्य को देखकर उस यादव वश का प्रसिद्ध सात्यकि ही समझ लिया हो।

परन्तु जिस प्रकार राठोडों और सासोदियों के वश की कुछ शाखाओं के नाम मिल जाने पर भी ये दोनों वश भिन्न समझे जाते हैं, उसी प्रकार प्रसिद्ध चद्रवशी यादव और राठोड वश की यादव शाखा को भी भिन्न ही समझना चाहिये।

इस विषय पर "राष्ट्रकूटों का वश" नामक अध्याय में विचार किया जाचुका है। इस के सिवाय एकही नाम की और भी अनेक शाखाए प्रचलित हैं, जो ब्राह्मण, क्षत्रिय, वैश्य आदि भिन्न भिन्न वर्णों तक में पाई जाती हैं। जैसे–नागदा, दाहिमा, सोनगरा, श्रीमाली, गौड आदि।

राष्ट्रकूटों का धर्म्म

राष्ट्रकूट राजाओं के मिले सब से पहले, अभिमन्यु के, ताम्रपत्र की मुहर में अम्बिका के वाहन सिंह की आकृति बनी है; दन्तिवर्मा (दन्तिदुर्ग द्वितीय) के, श० स० ६७५ (वि० सं० ८१०= ई० स० ७५३) के, दानपत्र में शिव की मूर्ति है; कृष्णराज प्रथम के सिक्कों पर "परममाहेश्वर" उपाधि लिखी है; और उसी (कृष्णराज) के, श० सं० ६९० (वि० सं० ८२५=ई० स० ७६८) के, लेख में शिवलिंग बना है। परंतु इस वंश के पिछले ताम्रपत्रों पर किसी में गरुड़ की, और किसी में शिव की आकृति बनी है।

राष्ट्रकूटों की ध्वजा का नाम "पालिध्वज"[1] था, और ये लोग "ओककेतु" भी कहाते थे। इनके "निशान" में गङ्गा और यमुना के चिह्न बने थे। सम्भवतः ये चिह्न इन्होंने बादामी के पश्चिमी चालुक्यों के "निशान" से ही नकल किये होंगे।

---

(१) "पालिध्वज" के विषय में जिनसेन रचित 'आदिपुराण' के २२ वें पर्व में लिखा है:—

"स्रग्वस्त्रबर्हिसरोजहंसवीन्द्रमृगाशिनाम् ।
वृषभेभेन्द्रचक्राणां ध्वजाः स्युर्दशभेदकाः । २१९ ।
अष्टोत्तरशतं ज्ञेयाः प्रत्येकं पालिकेतनाः ।
एकैकस्यां दिशि प्रोच्चैस्तरंगास्तोयधेरिव ॥ २२० ॥"

अर्थात्–(१) माला, (२) वस्त्र, (३) मयूर, (४) कमल, (५) हंस, (६) गरुड़, (७) सिंह, (८) बैल, (९) हाथी, और (१०) चक्र के चिह्नों से ध्वजाओं के दस भेद होते हैं। इनमें से हर तरह की एक सौ आठ ध्वजाओं के प्रत्येक दिशा में लगाने से (अर्थात्–प्रत्येक दिशा में कुल मिलाकर १०८०, और चारों दिशाओं में कुल मिलाकर ४३२० ध्वजाओं के लगाने से) "पालिकेतन" (पालिध्वज) बनता है।

पिछले राष्ट्रकूटों की कुलदेवी लातना (लाटना), राष्ट्रश्येना, मनसा, या विन्ध्यवासिनी के नाम से प्रसिद्ध है। कहते हैं कि, इनकी कुलदेवी ने "श्येन" (बाज) का रूप धारणकर इनके "राष्ट्र" (राज्य) की रक्षा की थी, इसी से उसका नाम "राष्ट्रश्येना" हुआ। मारवाड़ के राठोड़ राजघराने के "निशान" में इसी घटनाके स्मारक श्येन (बाज) की आकृति बनी रहती है।

उपर्युक्त विवरण से प्रकट होता है कि, इस वंश के राजा यथा समय शैव, वैष्णव, और शाक्त मतों के अनुयायी रहे थे।

जैनों के 'उत्तरपुराण' में लिखा है —

"यस्य प्रांशुनखांशुजालविसरद्धारान्तराविर्भव
त्पादाम्भोजरजः पिशङ्गमुकुटप्रत्यग्ररत्नद्युति।
संस्मर्ता स्वममोघवर्षनृपतिः पूतोऽहमद्येत्यलं
स श्रीमाञ्जिनसेनपूज्यभगवत्पादो जगन्मङ्गलम् ॥"

अर्थात्—राजा अमोघवर्ष जिनसेन नामक जैन साधु को प्रणाम कर अपने को धन्य मानता था।

इससे प्रकट होता है कि, राष्ट्रकूट नरेश अमोघवर्ष (प्रथम) जिनसेन का शिष्य था। अमोघवर्ष की बनाई 'रत्नमालिका' (प्रश्नोत्तररत्नमालिका) नामक पुस्तक में लिखा है —

"प्रणिपत्य वर्धमानं प्रश्नोत्तररत्नमालिकां वक्ष्ये।
नागनरामरवन्द्यं देवं देवाधिपं वीरम् ॥

— — — — —

विवेकात्त्यक्तराज्येन राज्ञेयं रत्नमालिका।
रचिताऽमोघवर्षेण सुधियां सदलङ्कृतिः ॥

(१) 'एकलिङ्गमहात्म्य' के ग्यारहवें अध्याय में लिखा है—

' स्वदेहाद्राष्ट्रश्येनां तां सृष्ट्वा स्थाप्याय तत्र सा ॥ १५ ॥

— — — — — — —

श्येनाख्य सम्यगास्थाय देवी राष्ट्रं नाहि नाहतो वज्रहस्ता ॥ १६ ॥

— — — — — — — —

दुष्टग्रहेभ्योन्यतमेभ्य एव श्येनेनाप मेदपाटस्य कार्यम् ॥ १७ ॥

— — — — — — — —

राष्ट्रश्येनेति नाम्नीयं मेदपाटस्य रक्षणम्।
करोति न च भङ्गोस्य यवनेभ्यो मनागपि ॥ २२ ॥ '

इससे प्रकट होता है कि इसी राष्ट्रश्येना ने मेवाड़ की भी रक्षा की थी। इसका मंदिर मेवाड़ में, एकलिङ्ग महादेव के मन्दिर से १½ कोस के करीब, एक पहाड़ी पर बना है।

अर्थात्—वर्द्धमान (महावीर) को प्रणाम करके 'प्रश्नोत्तररत्नमालिका' नामकी पुस्तक बनाता हूं।

— — — — — —

ज्ञान के कारण राज्य छोड़ने वाले अमोघवर्ष ने यह 'रत्नमालिका' नामकी पुस्तक बनायी।

महावीराचार्य रचित 'गणितसारसंग्रह' में लिखा है—

"प्रीणितः प्राणिसस्यौघो निरीतिर्निरवग्रहः।
श्रीमताऽमोघवर्षेण येन स्वेष्टहितैषिणा॥ १॥

— — — — — —

विध्वस्तैकान्तपक्षस्य स्याद्वादन्यायवादिनः।
देवस्य नृपतुङ्गस्य वर्द्धतां तस्य शासनम्॥ ६॥"

अर्थात्—अमोघवर्ष के राज्य में प्रजा सुखी है, और पृथ्वी खूब धान्य उत्पन्न करती है। जैनमतानुयायी राजा नृपतुङ्ग (अमोघवर्ष) का राज्य उत्तरोत्तर वृद्धि करता रहे।

इन अवतरणों से भी अमोघवर्ष (प्रथम) का जैनमतानुयायी होना सिद्ध होता है। सम्भवतः इसने अपनी वृद्धावस्था के समय उक्त मत ग्रहण करलिया होगा।

इन राजाओं के समय पौराणिक मत की अच्छी उन्नति हुई थी, और बहुत से शिव, और विष्णु के नये मन्दिर बनवाये गये थे।

इनके समय से पूर्व पहाड़ काटकर जितनी गुफायें आदि बनवायी गयी थीं वे सब बौद्धों, जैनों, और निर्ग्रन्थों के लिए ही थीं। परन्तु इन्हीं के समय पहले पहल इलोरा की गुफा का "कैलासभवन" नामक शिव का मन्दिर तैयार करवाया गया था।

इनकी कन्नौजवाली शाखा के अधिकांश राजा वैष्णवमतानुयायी थे, और उनके दानपत्रों की संख्या को देखने से ज्ञात होता है कि, यह शाखा दान देने में अन्य राजवंशों से बहुत बढ़ी चढ़ी थी।

———

राष्ट्रकूटों के समय की विद्या और कला कौशल की अवस्था

इनके समय विद्या, और कला कौशल की अच्छी उन्नति हुई थी। इस वंश के राजा, स्वयं विद्वान् होने के साथ ही, अन्य विद्वानों का आदर करने में भी कुछ उठा नहीं रखते थे।

'राजवार्तिक,' 'न्यायविनिश्चय,' 'अष्टशती,' और 'लघीयस्त्रय' का कर्ता तार्किक अकलंक भट्ट; 'गणितसारसंग्रह' का कर्ता महावीराचार्य, 'आदिपुराण,' और 'पार्श्वाभ्युदय' का लेखक जिनसेन; 'हरिवंशपुराण' का कर्ता दूसरा जिनसेन, 'आत्मानुशासन' का रचयिता गुणभद्राचार्य, 'कविरहस्य' का कवि हलायुध[1], 'यशस्तिलक चम्पू,' और 'नीतिवाक्यामृत' नामक राजनैतिक ग्रन्थ का कर्ता सोमदेव सूरि; 'शान्तिपुराण' का कर्ता, कनाडी भाषा का कवि पोन्न (जिसे कृष्ण तृतीय ने "उभयभाषाचक्रवर्ती" की उपाधि दी थी); 'यशोधरचरित,' 'नागकुमारचरित,' और 'जैनमहापुराण' का कर्ता पुष्पदन्त; 'मदालसा चम्पू' का कर्ता त्रिविक्रमभट्ट, 'व्यवहारकल्पतरु' का संपादक लक्ष्मीधर, 'नैषधीयचरित,' और 'खण्डनखण्डखाद्य' बनाने वाला कवि श्रीहर्ष; आदि विद्वान् इन्हीं के समय हुए थे।

---

(१) सर भाण्डारकर 'कविरहस्य' के कर्ता हलायुध को ही 'अभिधानरत्नमाला' का कर्ता भी मानते हैं। परन्तु मिस्टर वेबर उक्त माला के कर्ता का ईसवी सन् की ग्यारहवीं शताब्दी के अन्तिम भाग में होना अनुमान करते हैं।

(२) करंजा के जैन पुस्तक भंडार में 'ज्वालामालिनीकल्प' नामक एक पुस्तक है। यह कृष्ण तृतीय के राज्य समय, श० सं० ८६१ में, समाप्त हुई थी। दिगम्बर जैन संप्रदाय की 'जयधवला' नामक सिद्धान्त टीका अमोघवर्ष प्रथम के समय बनी थी।

मङ्खकवि कृत 'श्रीकण्ठचरित' से प्रकट होता है कि, काश्मीर नरेश जयसिंह के मन्त्री अलङ्कार ने जिस समय एक बड़ी सभा की थी, उस समय कन्नौज नरेश गोविंदचन्द्र ने पण्डित सुहल को अपना दूत बना कर भेजा था –

"अन्यः स सुहलस्तेन ततोऽवन्द्यत पण्डितः ।
दूतो गोविन्दचन्द्रस्य कान्यकुब्जस्य भूभुजः ॥"

(सर्ग २५ श्लोक १०२

इस वंश के राजाओं की विद्वत्ता का प्रमाण, अमोघवर्ष (शर्व) रचित, 'प्रश्नोत्तररत्नमालिका' अब तक विद्यमान है। इसकी रचना बहुत ही उत्तम कोटि की है। यद्यपि कुछ लोग इसे शंकराचार्य की, और कुछ श्वेताम्बर जैनाचार्य की बनाई हुई मानते हैं, तथापि दिगम्बर जैनों की लिखी प्रतियों में इसे अमोघवर्ष की रचना ही लिखा है। यही बात इससे पहले के अध्याय में उद्धृत किये हुए श्लोकों से भी सिद्ध होती है।

इस पुस्तक का अनुवाद तिब्बती भाषा में भी हुआ था। उसमें भी इसके कर्त्ता का नाम अमोघवर्ष ही लिखा है।

इसी अमोघवर्ष ने, कनाडी भाषा में, 'कविराजमार्ग' नाम की एक अलङ्कार की पुस्तक भी लिखी थी।

ऊपर लिखा जा चुका है कि, इन नरेशो के समय कला कौशल की भी अच्छी उन्नति हुई थी। इसका प्रत्यक्ष प्रमाण इलोरा की गुफा का कैलास भवन नामक मंदिर विद्यमान है[1]। यह कैलासभवन राष्ट्रकूट राजा कृष्णराज (प्रथम) के समय पर्वत काटकर बनवाया गया था। इसकी प्रशंसा करना सूर्य को दीपक दिखाने के समान है।

(१) अपनी कला के लिए जगत्प्रसिद्ध अजंता की गुफाओं में की पहले और दूसरे नम्बर की गुफायें भी इन राजाओं के राज्य के प्रारम्भकाल में ही बनी थीं।

राष्ट्रकूटों का प्रताप

अरबी भाषा में 'सिल्सिलातुत्तवारीख'[1] नामकी एक पुस्तक है। उसे अरब व्यापारी सुलेमान ने, हिजरी सन् २३७ (वि. स. ६०८ = ई. स. ८५१) में, लिखा था; और सिराफ निवासी अबूजैदुल हसन ने, हि. स. ३०३ (वि. स. ९७३=ई. स. ९१६) में, उसे दुरुस्तकर सपूर्ण किया था। उसमें लिखा है –

"हिन्दुस्तान और चीन के लोगों का अनुमान है कि, ससार में चार बड़े या खास बादशाह हैं। पहला, सबसे बड़ा, अरबदेश (बगदाद) का खलीफा, दूसरा चीन का बादशाह; तीसरा यूनान का बादशाह, और चौथा बल्हरा, जो कान छिदे हुए पुरुषों (हिन्दुओं) का राजा है।

यह बल्हरा भारत के दूसरे राजाओं से अत्यधिक प्रसिद्ध है, और अन्य भारतवासी इसे अपने से बड़ा मानते हैं। यद्यपि भारतीय नरेश अपने प्रदेशो के स्वतत्र स्वामी हैं, तथापि वे सबही बल्हरा को अपने से श्रेष्ठ मानते है; और उसके प्रति श्रद्धा दिखलाने के लिए उसके भेजे राजदूतों का बड़ा आदर करते हैं। बल्हरा भी अरबो की तरह अपनी सेना का वेतन समय पर देदेता है। उसके पास बहुत से घोड़े और हाथी हैं। उसे धन की भी कमी नहीं है। उसके यहा के सिक्के "तातारिया द्रम्म" कहाते हैं। उनका वजन अरबी द्रम्मों से डेवढा होता है, और उन पर हिजरी सन् के स्थान पर बल्हराओं का राज्य सवत् लिखा रहता है।

ये बल्हरा नरेश दीर्घायु होते हैं, और बहुधा इनमें का प्रत्येक राजा ५० वर्ष राज्य करता है। ये राजा अरबो पर बडी कृपा रखते हैं। "बल्हरा" इनका वैसा ही खानदानी खिताब है, जैसाकि ईरान के बादशाहो का "खुसरो" है।

(१) ईलियट्स हिस्ट्री ऑफ इण्डिया, भा १, पृ० ३-४

बल्हरा का राज्य कोंकण से चीनकी सीमा तक फैला हुआ है। यह अक्सर अपने पड़ोसी राजाओं से लड़ता रहता है। परन्तु यह उन सब से श्रेष्ठ है। इसके शत्रुओं मे "जुर्ज"—गुजरात का राजा भी है।"

इब्न खुर्दादबा ने, जो हिजरी सन् ३०० (वि० सं० ९६९=ई० स० ९१२) में मराथा, 'किताबुलमसालिक उलमुमालिक' नाम की पुस्तक लिखी थी। उस में लिखा है-

"हिन्दुस्तान में सबसे बड़ा राजा बल्हरा है। "बल्हरा" शब्द का अर्थ राजाओं का राजा होता है। इसकी अंगूठी में यह वाक्य खुदा है:—दृढ निश्चय के साथ प्रारम्भ किया हुआ प्रत्येक कार्य्य अवश्य सिद्ध होता है।"

अलमसऊदी ने, हिजरी सन् ३३२ (वि० स० १००१=ई. स. ९४४) के करीब, 'मुरूजुलजहब' नामकी पुस्तक लिखी थी। इसमें लिखा है:—

"मानकीर नगर, जो भारत का प्रमुख नगर है, बल्हरा के अधीन है।

---

(१) जिस समय यह पुस्तक लिखी गयी थी, उस समय दक्षिण में राष्ट्रकूट राजा अमोघवर्ष प्रथम का राज्य था। इसलिए यह वृतांत उसी के समय का होना चाहिए। उसने गुजरात के राष्ट्रकूट राजा ध्रुवराज प्रथम पर भी चढ़ायी की थी। दक्षिण के राष्ट्रकूट राजा ध्रुवराज का राज्य दक्षिण में रामेश्वर से उत्तर में अयोध्या तक फैल गया था। नेपाल की वंशावली में लिखा है कि-"श० स० ८११ (वि० स० ९४६=ई० स० ८८९) में करनाटक वंश के संस्थापक नान्यदेव ने दक्षिण से आकर सारे नेपाल पर अधिकार करलिया था, और उसके बाद उसके ६ वंशज वहां के शासक रहे। श० स० ८११ में करनाटक का राजा कृष्णराज द्वितीय था, और उसकी सातवीं पीढी में कर्कराज द्वितीय हुआ। उसी से चालुक्य वंशी तैलप द्वितीय ने राज्य छीन लिया था। इससे अनुमान होता है कि, मान्यखेट के राजा ध्रुवराज प्रथम के बाद उसके वंशजों ने, अयोध्या से आगे बढ, नेपाल के कुछ भागपर अधिकार करलिया होगा, और बाद में कृष्णराज द्वितीय ने आक्रमण कर वहांके सारे देश को ही हस्तगत करलिया होगा। नेपाल और चीन की सीमाओं के मिली होने से सुलेमान ने इनके राज्य का चीन की सीमा तक फैला हुआ होना लिखा है।

(२) ईलियट्स हिस्ट्री ऑफ इण्डिया, भा० १ पृ० १३। यह वृत्तान्त कृष्णराज द्वितीय के समय का है।

(३) ईलियट्स हिस्ट्री ऑफ इण्डिया, भा० १, पृ० १९-२४। यह हाल कृष्णराज तृतीय के समय का है।

इस वंश के राजा, प्रारंभ से लेकर आजतक (पीढी दर पीढी), इसी नाम से पुकारे जाते हैं। हिन्दुस्तान के वर्त्तमान राजाओं मे सब से बड़ा, और प्रतापी यही, मानकीर (मान्यखेट) का राजा, बल्हरा है। अन्य बहुत से राजा इसे अपना सरदार समझते हैं, और इसके राजदूतों का बड़ा मान करते हैं। इसके राज्य के चारों तरफ अनेक अन्य राज्य हैं। मानकीर बड़ा नगर है, और यह समुद्र से ८० फर्सगे के फासले पर है। बल्हरा के पास एक बड़ी फौज है। यद्यपि उस मे बहुत से हाथी भी हैं, तथापि इसकी राजधानी पहाड़ी प्रदेश में होने से उसमें अधिक संख्या पैदल सिपाहियों की ही है। कन्नौज नरेश बयूरं इस वंश के नरेशों का शत्रु है। बल्हरा के यहा की भाषा का नाम "कीरियै" है।"

अलइस्तखेरी ने, हि. स ३४० (वि. स १००८=ई स ९५१) में 'किताबुल अकालीम' लिखी थी, और इब्नहोकॅल ने, जो हि स ३३१ और ३५८ (वि. स १००० और १०२५=ई. स. ९४३ और ९६८) के बीच भारत मे आया था, हि. स. ३६६ (ई स ९७६) में, 'अश्कलउल बिलाद' नामक पुस्तक लिखी थी। वे लिखते हैं -

"बल्हरा का राज्य कम्बाँय से सिमूरं तक फैला हुआ है। उस में और भी बहुत से भारतीय नरेश हैं। बल्हरा मानकीर में रहता है, जो एक बडा नगर है।"

ऊपर उद्धृत किये, अरब यात्रियों के, अवतरणों से प्रकट होता है कि, उस समय राष्ट्रकूट राजाओं का प्रताप बहुत बढा चढा था।

---

(१) फर्सग करीब तीन मील का होता है। परन्तु सर ईलियट ने अपनी 'हिस्ट्री' में इसे ८ मील के बराबर लिखा है।

(२) यह "प्रतिहार' का बिगडा हुआ रूप प्रतीत होता है।

(३) सम्भवत इसी को आजकल "कनारी' (भाषा) कहते हैं।

(४) ईलियट्स हिस्ट्री ऑफ इण्डिया, भा० १, पृ० २७

(५) ईलियट्स हिस्ट्री ऑफ इण्डिया, भा १, पृ ३४

(६) खभात (Cambay)

(७) सम्भवत यह नगर सिन्ध की सरहद पर होगा। इस से राष्ट्रकूटों के राज्य की उत्तरी सीमा का पता चलता है।

राष्ट्रकूट दन्तिदुर्ग ने सोलंकी (चालुक्य) वल्लभ कीर्तिवर्मा को जीतकर "वल्लभराज" की उपाधि धारण की थी। यही उपाधि उसके उत्तराधिकारियों के नाम के साथ भी लगी रहती थी। इसी से पूर्वोक्त लेखकों ने इन राजाओं को बलहरा के नाम से लिखा है। यह शब्द "वल्लभराज" का ही बिगड़ा हुआ रूप है।

येवूर (दक्षिण में) के पास के सोमेश्वर के मंदिर से मिले लेखसे प्रकट होता है कि, राष्ट्रकूट नरेश इन्द्रराज की सेना में ८०० हाथी, और ५०० सामन्त थे[3]।

---

(१) सर हेनरी ईलियट, और कर्नल टॉड आदि का अनुमान था कि, अरब लेखकों ने इस बलहरा शब्द का प्रयोग वलभी के राजाओं या स्वयं चालुक्यों के लिए ही किया है। (ईलियट्स हिस्ट्री ऑफ इण्डिया, भा० १, पृ० ३५४-३५५) परन्तु उनका यह अनुमान निर्मूल है; क्योंकि वलभी का राज्य वि० स० ८२३ (ई० स० ७६६) के करीब ही नष्ट होचुका था, और चालुक्य राजा मंगलीश के, वि० स० ६६७ (ई० स० ६१०) में, मारे जाने पर उसके राज्य के दो भाग होगये थे। एक का स्वामी पुलकेशी हुआ। उसके वंशज कीर्तिवर्म्मा से, वि० स० ८०५ और ८१० (ई० स० ७४८ और ७५३) के बीच, राष्ट्रकूट दन्तिदुर्ग ने राज्य छीनलिया। यह राज्य वि० स० १०३० (ई० स० ९७३) के करीब तक राष्ट्रकूटों के वंश में ही रहा। परन्तु इसके आस पास चालुक्यवंशी तैलप द्वितीयने, राष्ट्रकूट राजा कर्कराज द्वितीय के समय, उसपर फिर अधिकार करलिया। इससे प्रकट होता है कि, वि० स० ८०५ के करीब से वि० स० १०३० (ई० स० ७४८ से ९७३) के करीब तक पश्चिमी चालुक्यों की इस शाखा का राज्य राष्ट्रकूटों के ही हाथ में था। सोलंकियों की पहली राजधानी वातापी थी। परन्तु तैलप द्वितीय ने, राज्य पर अधिकार कर, कल्याणी को अपनी राजधानी बनाया। दूसरी शाखा का स्वामी विष्णुवर्धन हुआ। उसके वंशज पूर्वी चालुक्य कहाये। उनका राज्य वेंगी में था, और वे राष्ट्रकूटों के सामन्त थे।

(२) जिसप्रकार फ़ारसी तवारीखों में मेवाड़ नरेशों के नामों के स्थान में केवल "राणा" शब्द ही लिखा गया है, उसी प्रकार अरब लेखकों ने भी दक्षिण के राष्ट्रकूट राजाओं के नामों के स्थान में केवल "बलहरा" शब्द का ही प्रयोग किया है।

(३) 'योराष्ट्रकूटकुलमिन्द्र इति प्रसिद्ध कृष्णाह्वयस्य सुतमष्टशतेभसैन्यम्।
निर्जित्य दग्धनृपपञ्चशतो.. .. .. ॥
(इण्डियन ऐण्टिक्वेरी, भा० ८, पृ० १२,)

गोविन्द चतुर्थ के, श. सं. ८५२ (वि. सं. ९८७ = ई. स. ९३०) के दानपत्र से ज्ञात होता है कि, राष्ट्रकूट नरेश इन्द्रराज तृतीय ने, अपने अश्वारोहियों के साथ, यमुना को पारकर कन्नौज को उजाड़ दिया था।

थाना के शिलाहार वंशी राजा का, शक संवत् ९१५ (वि. सं. १०५०=ई. स. ९९३) का, एक दानपत्र मिला है। उसमें लिखा है:-

"चोलो लोलोभियाभूद्व्रजपतिरपतज्ज्ञाङ्कचीगह्वरान्तः।
वाजीशस्त्रासशेषः समभवदभवच्छैलरन्ध्रे तथान्ध्रः॥
पाण्ड्येशः खण्डितोऽभूदनुजलधिजलं द्वीपपालाः प्रलीना
यस्मिन्दत्तप्रयाणे सकलमपि तदा राजकं न व्यराजत्॥"

अर्थात्—कृष्णराज (तृतीय) के सामने आने पर चोल, बंगाल, कन्नौज, आन्ध्र, और पाण्ड्य आदि देशों के राजा घबरा जाते थे।

इसी दानपत्र में कृष्णराज (तृतीय) के अधिकार का उत्तर में हिमालय से दक्षिण में लंका तक, और पूर्व में पूर्वी समुद्र से पश्चिम में पश्चिमी समुद्र तक होना लिखा है।

चालुक्यवंशी तैलप (द्वितीय) ने, वि. स. १०३० (ई० स० ९७३) के करीब, राष्ट्रकूट राजा कर्कराज को परास्त कर, मान्यखेट के राष्ट्रकूट राज्य की समाप्ति की थी। इसलिए उपर्युक्त ताम्रपत्र उक्त राज्य के नष्ट हो जाने के बाद का है।

इससे प्रकट होता है कि, एक समय राष्ट्रकूटों का प्रताप बहुत ही बढा चढा था, और उसके नष्ट हो जाने पर भी उनके माण्डलिक राजा उसे आदर के साथ स्मरण किया करते थे।

---

(१) "यन्माद्यद्द्विपदन्तघातविषमं कालप्रियप्राङ्गणं
तीर्णा यत्तुरगैरगाधयमुना सिन्धुप्रतिस्पर्द्धिनी।
येनेदं हि महोदयारिनगरं निर्मूलमुन्मूलितं
नाम्नाद्यापि जनैः कुशस्थलमिति ख्यातिं परां नीयते॥"

(ऐपिग्राफिया इण्डिका, भा० ७, पृ० ३६)

(२) हिस्ट्री ऑफ मिडिएवल हिन्दू इण्डिया, भा० २, पृ० १४९.

राष्ट्रकूटों का राज्य "रट्टपाटी" या "रट्टराज्य" के नाम से प्रसिद्ध था। स्कन्दपुराण के अनुसार इसमें सात लाख नगर, और ग्राम थे:–

"ग्रामाणां सप्तलक्षं च रट्टराज्ये प्रकीर्तितम् ॥"

अर्थात्–रट्टों (राष्ट्रकूटों) के राज्य में सात लाख गाँव थे। इनकी सवारी के समय "टिविलि" नाम का बाजा खास तौर से बजा करता था।

गोविन्दचन्द्र के, बसाही से मिले, वि. सं. ११६१ (ई. स. ११०४) के, ताम्रपत्र से ज्ञात होता है कि, राजा कर्ण और भोज के मरने पर उत्पन्न हुई अराजकता को (राष्ट्रकूटो की) गाहडवाल (शाखा के) नरेश चन्द्रदेव ने ही दबाया था।

उसीमें यह भी लिखा है कि, गोविन्दचन्द्र ने "तुरुष्कदंड" सहित बसही (बसाही) गांव दान किया था। इससे प्रकट होता है कि, जिस प्रकार मुसलमान बादशाह हिन्दुओ पर "जज़िया" लगाते थे, उसी प्रकार (गोविन्दचन्द्र के पिता) मदनपाल ने अपने राज्य में मुसलमानों पर "तुरुष्कदण्ड" नामका कर लगा रक्खा था। यह बात उसके प्रताप की सूचना देती है।

'रम्भामंजरी नाटिका' से प्रकट होता है कि, कन्नौज नरेश जयचन्द्र ने कालिंजर के चंदेल राजा मदनवर्म देव को विजय किया था। जयचन्द्र के पास विशाल सेना थी, और उसका राज्य गंगा और यमुना के बीच फैला हुआ था।

---

(१) स्कन्दपुराण, कुमार खण्ड, अध्याय ३६, श्लोक ११५.

(२) "याते श्रीभोजभूपे विबुधवरवधूनेत्रसीमातिथित्व
श्रीकर्णे कीर्तिशेषं गतवति च नृपे क्ष्मात्यये जायमाने।
भर्तारं या च (प) रित्री त्रिदिवविभुनिभं प्रीतियोगादुपेता
त्राता विश्वासपूर्वं समभवदिह स क्ष्मापतिश्चन्द्रदेवः ॥"

यहां पर कर्ण से हैहय (कलचुरी) वंशी कर्ण का तात्पर्य है, जो वि॰ स॰ १०६६ में विद्यमान था। परन्तु भोज के विषय में मतभेद है। कुछ लोग उसे परमार वंशी भोज मानते है, जो वि॰ स ११¹० के करीब मरा था; और कुछ उसे प्रतिहार (पड़िहार) भोज द्वितीय अनुमान करते है। यह वि॰ सं॰ ६८० के करीब विद्यमान था।

(३) गोविन्दचन्द्र के, मगध से मिले, वि॰ सं॰ ११८६ (ई॰ स॰ ११२६) के, ताम्रपत्र में भी "तुरुष्कदंड" का उल्लेख है।

(लखनऊ म्यूज़ियम रिपोर्ट (१६१४-१५,) पृ॰ ४ और १०

उपसंहार

सारेही उद्धृत प्रमाणों पर विचार करने से ज्ञात होता है कि, पहले किसी समय राष्ट्रकूटों की एक शाखा ने कन्नोज में राज्य कायम किया था। परन्तु कुछ काल बाद उसके निर्बल हो जाने से वहां पर क्रमश गुप्त, बैस, मौखरी, और पड़िहार नरेशों का राज्य हुआ। इसके बाद वि० स० ११३७ (ई० स० १०८०) के करीब, एकबार फिर, राष्ट्रकूटो की दूसरी शाखा ने कन्नौज विजय कर वहां पर अपने राज्य की स्थापना की। यही दूसरी शाखा कुछ काल बाद "गाधिपुर" (कन्नोज) के सम्बन्ध से गाहड़वाल कहाने लगी। वि० स० १२५० ई० स० ११९४) में, शहाबुद्दीनगोरी के आक्रमण के कारण, इस शाखा का अन्तिम प्रतापी नरेश जयचन्द्र मारागया। यद्यपि शहाबुद्दीन के लूट मारकर चले जाने पर जयचन्द्र का पुत्र हरिश्चन्द्र कन्नौज और उसके आस पास के प्रदेश का अधिकारी हुआ, तथापि यह विशेष प्रतापी नहीं था। इसके बाद जब कुतुबुद्दीन ऐनक, और उसके अनुयायी शम्सुद्दीन अल्तमश ने, उक्त प्रदेश पर अधिकार कर, इस वंश के स्वतंत्र राज्य की समाप्ति करदी, तब जयचन्द्र के पौत्र राव सीहाजी महुई में जा रहे[1]। परन्तु कुछ काल बाद वहां पर भी मुसलमानों का अधिकार हो गया, और वह महुई छोड़ कर देशाटन करते हुए, वि० स० १२६८ के करीब, मारवाड़ में आ पहुँचे।

इस समय उन्हा राव सीहाजी के वंशज जोधपुर (मारवाड़), बीकानेर, ईडर, किशनगढ़, रतलाम, सीतामऊ, सैलाना, और झाबुआ में राज्य करते हैं।

---

(१) आईने अकबरी में राव सीहा का खोर (शम्साबाद) में रहना और वहीं माराजाना लिखा है।

हमारे मतानुसार विजयचन्द्र से सीहाजी तक की वंशावली इस प्रकार होनी चाहिये:—

विजयचन्द्र

जयचन्द्र　　　　माणिकचन्द्र

हरिश्चन्द्र (बरदायीसेन[1]) (प्रहस्त) जयपाल (जजपाल)

सेतराम　　　　सीहा

राष्ट्रकूटो की तीसरी शाखा ने, सोलंकियो के राज्य को छीनकर, दक्षिण में अपना अधिकार जमाया था। यद्यपि अबतक इसके प्रारम्भ काल का पता नहीं चला है, तथापि सोलंकी (चालुक्य) जयसिंह के समय (विक्रम की छठी शताब्दी के उत्तरार्ध में) वहा पर राष्ट्रकूटो के प्रबल राज्य का होना पाया जाता है। इसी को नष्टकर जयसिंह ने फिर सोलंकियों के राज्य की स्थापना की थी। परन्तु करीब २५० वर्ष बाद (वि० स० ८०५=ई० स० ७४७ के आस पास) राष्ट्रकूट दन्तिवर्मा (द्वितीय) ने, सोलंकी कीर्तिवर्मा द्वितीय को हरा कर, एकबार फिर दक्षिण में राष्ट्रकूट राज्य की स्थापना की। यद्यपि यह राज्य वि० स० १०३० (ई० स० ९७३) (अर्थात्—सवादोसौ वर्ष) तक राष्ट्रकूटों के ही अधिकार में रहा, तथापि इसके बाद, इस वंश के अन्तिम राजा कर्कराज (द्वितीय) के समय, सोलंकी तैलप (द्वितीय) की चढाई के कारण इसकी समाप्ति हो गयी थी।

दक्षिण के राष्ट्रकूटो की ही दो शाखाओं ने, विक्रम की ८ वीं शताब्दी के प्रारम्भ से विक्रम की नवीं शताब्दी के पूर्वार्ध तक, लाट (गुजरात) में क्रमश. राज्य किया था। इन शाखाओ के राजा दक्षिण के राष्ट्रकूटों के सामन्त थे।

इन स्थानों के अतिरिक्त सोन्दत्ति (धारवाड़—बम्बई), हथुंडी (मारवाड़), और धनोप (शाहपुरा) में भी राष्ट्रकूटो की पुरानी शाखाओं के राज्य रहने के प्रमाण मिले हैं।

इस वंश की इधर उधर से मिली अन्य प्रशस्तियों का उल्लेख अगले अध्याय में किया जायगा।

(१) सम्भव है बरदायीसेन हरिश्चन्द्र का छोटा भाई हो।

राष्ट्रकूटों के फुटकर लेख ।

राष्ट्रकूट राजा अभिमन्यु का ताम्रपत्र ही राष्ट्रकूटों की सबसे पुरानी प्रशस्ति है । इसके अक्षरों से यह विक्रम की सातवीं शताब्दी के प्रारम्भ के निकट का प्रतीत होता है । इसकी मुहर में दुर्गा के वाहन सिंह की मूर्ति बनी है ।

इस ताम्रपत्र में शिव की पूजा के लिए दिये दान का उल्लेख है । यह दान अभिमन्यु की राजधानी मानपुर में दिया गया था । बहुत से विद्वान् इस मानपुर को मालवे (मऊ से १२ मील दक्षिण-पश्चिम) का मानपुर अनुमान करते हैं । इस (ताम्रपत्र) में अभिमन्यु के पूर्वजों की वंशावली इस प्रकार दी है —

१ मानाङ्क
|
२ देवराज
|
३ भविष्य
|
४ अभिमन्यु

मध्यप्रदेश (बेतूल जिले) के मुलताई गांव से राष्ट्रकूटों की दो प्रशस्तियां मिली हैं । इनमें की पहली प्रशस्ति में, जो शक संवत ५५३ (वि० सं० ६८८ – ई० स० ६३१) की है, राष्ट्रकूट राजाओं की वंशावली इस प्रकार लिखी है -

१ दुर्गराज
|
२ गोविन्दराज
|
३ स्वामिकराज
|
४ नन्दराज

(१) एपिग्राफिया इण्डिका, भा० ८, पृ० १६४
(२) एपिग्राफिया इण्डिका, भा० ११, पृ० २७६

दूसरी प्रशंस्ति में, जो शक संवत् ६३१ (वि० सं० ७६६=ई० स० ७०९) की है, दी हुई वंशावली इस प्रकार है:—

१ दुर्गराज
|
२ गोविन्दराज
|
३ स्वामिकराज
|
४ नन्दराज

इस प्रशस्ति में नन्दराज की उपाधि "युद्धशूर" लिखी है, और इस में जिस दान का उल्लेख है वह कार्तिक शुक्ला पूर्णिमा को दिया गया था। इस प्रशस्ति के शक संवत् को यदि गत संवत् मानलिया जाय तो उस दिन २४ अक्टूबर ईसवी सन् ७०९ आता है।

उपर्युक्त दोनों प्रशस्तियों में के पहले तीनो नाम एक ही हैं; केवल चौथे नाम ही में अन्तर है। इनमें दिये संवतों आदि पर विचार करने से अनुमान होता है कि, सम्भवतः दूसरी प्रशस्ति का नन्दराज पहली प्रशस्ति के नन्नराज का छोटा भाई था; और उसके पीछे उसका उत्तराधिकारी हुआ होगा।

इन दोनों प्रशस्तियों (ताम्रपत्रों) की मुहरों में गरुड़ की आकृति बनी है।

---

(१) इण्डियन ऐण्टिक्वेरी, भा० १८, पृ० २१४।

(२) सम्भव है यह दुर्गराज दक्षिण के राष्ट्रकूट राजा दन्तिवर्मा प्रथम का ही दूसरा नाम हो, क्योंकि एक तो इस लेखके दुर्गराज और दन्तिवर्मा प्रथम का समय मिलता है, दूसरा दन्तिवर्मा का दूसरा नाम दन्तिदुर्ग भी था, जो दुर्गराज से मिलता हुआ ही है; और तीसरा दशावतार के मन्दिर से मिले लेखमें दन्तिवर्मा द्वितीय का नाम दन्तिदुर्गराज लिखा है। इसलिए यदि यह अनुमान ठीक हो तो इस वंश का गोविन्दराज दक्षिण के राष्ट्रकूट राजा इन्द्रराज प्रथम का छोटा भाई होगा।

पथारी (भोपाल राज्य) से, वि० स० ६१७ (ई० स० ८६०) का एक लेख[1] मिला है। इसमें मध्यभारत के राष्ट्रकूट राजाओं की वंशावली इस प्रकार लिखी है –

१ जेज्जट
|
२ कर्कराज
|
३ परबल (वि० स० ६१७)

परबल की कन्या, रण्णादेवी का विवाह गौड़ (बंगाल) के पाल वंशी राजा धर्मपाल से हुआ था[2], और परबल के पिता कर्कराज ने नागभट (नागावलोक) को हराया था। सम्भवतः यह नागभट (नागावलोक) प्रतिहार वंशी राजा वत्सराज का पुत्र होगा। इस नागभट द्वितीय का एक लेख मारवाड़ राज्य के बुचकला गाँव (बिलाड़ा परगने) से मिला है। यह वि० स० ८७२ (ई० स० ८१५) का है। परन्तु प्रोफेसर कीलहार्न इसे भृगुकच्छ से मिले, वि० स० ८१३ (ई० स० ७५६) के ताम्रपत्र का नागावलोक[3][4] अनुमान करते हैं।

बुद्धगया से राष्ट्रकूट राजाओं का एक लेख[5] मिला है। उसमें इनकी वंशावली इस प्रकार दी है –

नन्न (गुणावलोक)
|
कीर्तिराज
|
तुङ्ग (धर्मावलोक)

---

(१) ऐपिग्राफिया इण्डिका, भाग ६, पृ० २४८।
(२) भारत के प्राचीन राजवंश, भाग १, पृ० १८५
(३) ऐपिग्राफिया इण्डिका, भा० ६, पृ० १६८
(४) यह नागावलोक शायद प्रतिहारवंशी नागभट प्रथम था
(५) बुद्धगया (राजेन्द्रलाल मित्र लिखित), पृ० १६५.

तुङ्ग की कन्या, भाग्यदेवी का विवाह पालवंशी राजा, राज्यपाल से हुआ था। यह राज्यपाल पूर्वोक्त धर्मपाल की चौथी पीढ़ी में था। इस लेख में संवत् १५ लिखा है। यह शायद तुङ्ग का राज्य संवत् हो। तुङ्ग का समय वि० सं० १०२५ (ई० स० ९६८) के करीब अनुमान किया जाता है।

बदायूं से राष्ट्रकूट राजा लखनपाल के समय का एक लेख मिला है। यह सम्भवतः वि० सं० १२५८ (ई० स० १२०१) के करीब का है।

इसमें दी हुई वंशावली इस प्रकार है:—

१ चन्द्र
|
२ विग्रहपाल
|
३ भुवनपाल
|
४ गोपाल
|—५ त्रिभुवनपाल
|—६ मदनपाल
|—७ देवपाल
  |
  ८ भीमपाल
  |
  ९ शूरपाल
  |—१० अमृतपाल
  |—११ लखनपाल

इस लेख से ज्ञात होता है कि, कन्नौज प्रदेश के अलङ्कार रूप, बदायूं नगर पर पहले पहल राष्ट्रकूट चन्द्र ने ही अपना अधिकार किया था।

---

(१) भारत के प्राचीन राजवंश, भा० १, पृ० १८६.
(२) ऐपिग्राफिया इण्डिका, भा० १, पृ० ६४.

मान्यखेट (दक्षिण) के राष्ट्रकूट

[वि स ६५० (ई स ५९३) के पूर्व से
वि स १०३९ (ई स ९८२) के करीब तक]

सोलङ्कियों (चालुक्यो) के येवूर से मिले एक लेख में और मिरज से मिले एक ताम्रपत्र मे लिखा है

"यो राष्ट्रकूटकुलमिन्द्र इति प्रसिद्ध
कृष्णाह्वयस्य सुतमष्टशतेभसैन्यम् ।
निर्जित्य दग्धनृपपचशतो बभार
भूयश्चलुक्यकुलवल्लभराजलक्ष्मीम् ॥
+ + +
तद्वंश्यो विक्रमादित्य कीर्तिवर्मा तदात्मज ।
येन चालुक्यराज्यश्रीरतरायिण्यभूद्भुवि ॥

अर्थात्—उस (सोलकी जयसिंह) ने राष्ट्रकूट नरेश कृष्ण के पुत्र, और आठसो हाथियों की सेनावाले, इन्द्र को जीतकर फिर से वल्लभराज (सोलकी वंश) की राज्य-लक्ष्मी को धारण किया ।

(यहा पर प्रयुक्त किये गये "वल्लभराज" पद से प्रकट होता है कि, पहले इस उपाधि का प्रयोग सोलङ्कियों के लिए होता था। परन्तु बाद मे उनको जीतनेवाले राष्ट्रकूटों ने भी इसे धारण करलिया। इसी से अरब लेखकों ने अपनी पुस्तकों मे राष्ट्रकूटों के लिए "बल्हरा" शब्द का प्रयोग किया है । यह "वल्लभराज" का ही बिगड़ा हुआ रूप है ।)

+ × +

परन्तु विक्रमादित्य के पुत्र कीर्तिवर्मा (द्वितीय) से (जो उपर्युक्त जयसिंह से ११ वीं पीढ़ी मे था) इस (सोलकी) वंश की राज्य लक्ष्मी फिर चली गयी ।

(१) इण्डियन एण्टिक्वेरी, भा ८, पृ १२-१४

इन श्लोकों पर विचार करने से प्रकट होता है कि, सोलंकी जयसिंह के दक्षिण विजय करने से पहले वहां पर राष्ट्रकूटो का राज्य था, और विक्रम की छठी शताब्दी के उत्तरार्ध में उसपर सोलंकी जयसिंह ने अधिकार करलिया। परन्तु वि. सं. ८०५ और ८१० (ई. स. ७४७ और ७५३) के वीच राष्ट्रकूट राजा दन्तिदुर्ग द्वितीयने सोलंकी नरेश कीर्तिवर्मा द्वितीय से उसके राज्य का बहुतसा भाग वापिस छीनलिया।

लेखों, ताम्रपत्रो, और संस्कृत पुस्तकों में इस दन्तिदुर्ग द्वितीय के वंश का इतिहास इस प्रकार मिलता है:-

१ दन्तिवर्मा (दन्तिदुर्ग) प्रथम

यह राजा पूर्वोल्लिखित कृष्ण के पुत्र इन्द्र का वंशज था। इस शाखा के राष्ट्रकूटों की प्रशस्तियों में सबसे पहला नाम यही मिलता है।

दशावतार के लेख में इस को वर्णाश्रमधर्म का संरक्षक, दयालु, सज्जन, और स्वाधीन नरेश लिखा है।

सम्भवतः इसका समय विक्रम संवत् ६५० (ई. स. ५९३) के पूर्व था।

२ इन्द्रराज प्रथम

यह दन्तिवर्मा का पुत्र और उत्तराधिकारी था। इसका, और इसके पिता का नाम इलोरा की गुफाओं में के दशावतार वाले मन्दिर के लेख से लिया गया है। उसमें दन्तिदुर्ग (द्वितीय) के वाद महाराज शर्व का नाम लिखा है। इस शाखा के राष्ट्रकूटों की अन्य प्रशस्तियों में दन्तिवर्मा प्रथम, और इन्द्रराज प्रथम के नाम नहीं हैं। उनमें गोविंद प्रथम से ही वंशावली आरम्भ होती है।

---

(१) आर्कियालाजिकल सर्वे रिपोर्ट, वेस्टर्न इण्डिया, भा० ५, पृ० ८७, और केवटेम्पल्स इन्सक्रिपशन्स. पृ० ९२

(२) यहां पर "शर्व" से किस राजा का तात्पर्य है, यह स्पष्ट तौर से नहीं कहा जासकता। कुछ लोग इसे दन्तिदुर्ग का भाई अनुमान करते हैं, और कुछ इसे अमोघवर्ष का ही उपनाम मानते हैं। उपर्युक्त लेख से ज्ञात होता है कि, शर्वने, अपनी सेना के साथ आकर, इस मन्दिर में निवास किया था। सम्भव है दन्तिदुर्ग की ही उपाधि या दूसरा नाम शर्व हो।

उक्त दशावतार के लेख में इस इन्द्र को अनेक यज्ञ करनेवाला, और वीर लिखा है। सम्भवतः इसका दूसरा नाम प्रच्छकराज था।

३ गोविन्दराज प्रथम

यह इन्द्रराज का पुत्र था, और उसके पीछे राज्य का स्वामी हुआ। पुलकेशी (द्वितीय) के, एहोले से मिले, श० सं० ५५६ (वि० सं० ६९१= ई० स० ६३४) के, लेख[1] में लिखा है कि, मंगलीश के मारे जाने, और उसके भतीजे पुलकेशी (द्वितीय) के गद्दी पर बैठने के समय उसके राज्य में गड़बड़ मच गयी थी। इस पर गोविन्दराज ने भी अन्य राजाओं के साथ मिलकर अपने पूर्वजों के गये हुए राज्य को फिर से प्राप्त करने की चेष्टा की। परंतु उसमें इसे सफलता नहीं मिली, और अन्त में इन दोनों के बीच मित्रता हो गयी[2]।

इससे प्रकट होता है कि, यह (गोविन्दराज प्रथम) पुलकेशी (द्वितीय) का समकालीन था, और इसका समय वि० सं० ६९१ (ई० स० ६३४) के करीब होगा।

गोविन्दराज का दूसरा नाम वीरनारायण मिलता है।

४ कर्कराज (कक्क) प्रथम

यह गोविन्दराज (प्रथम) का पुत्र, और उत्तराधिकारी था। इसके राज्य-समय ब्राह्मणों ने अनेक यज्ञ किये थे। यह स्वयं भी वैदिकधर्म का माननेवाला, दानी, और विद्वानों का सत्कार करनेवाला था।

इसके तीन पुत्र थे:—इन्द्रराज, कृष्णराज, और नन्न।

---

(१) ऐपिग्राफिया इण्डिका, भाग ६, पृ ५-६

(२) "लब्ध्वा काले भुवमुपगते जेतुमप्यायिकाख्ये,
गोविन्दे च द्विरदनिकरैरुत्तराम्भोधिरथ्या।
यस्यानीकैर्युधिभयरसज्ञत्वमेकः प्रयातः
तत्रावाप्तं फलमुपकृतस्यापरेणापि सद्यः॥"

५ इन्द्रराज द्वितीय

यह कर्कराज का बड़ा पुत्र था, और उसके पीछे गद्दी पर बैठा। इसकी रानी चालुक्य (सोलंकी) वंशकी कन्या, और चंद्रवंश की नवासी थी। इससे प्रकट होता है कि, उस समय राष्ट्रकूटों और पश्चिमी-चालुक्यों में किसी प्रकार का झगड़ा न था।

इसकी सेनामें अश्वारोहियों, और गजारोहियों की भी एक बड़ी संख्या थी।

६ दन्तिवर्मा (दन्तिदुर्ग) द्वितीय

यह इंन्द्रराज (द्वितीय) का पुत्र था, और उसके बाद राज्य का स्वामी हुआ। इसने, विक्रम संवत् ८०४ और ८१० (ई० स० ७४८ और ७५३) के बीच, सोलङ्की (चालुक्य) कीर्तिवर्मा (द्वितीय) के राज्य के उत्तरी भाग, वातापी पर अधिकार कर, दक्षिण में फिर से राष्ट्रकूट राज्य की स्थापना की थी। यह राज्य इसके वंश में करीब २२५ वर्ष तक रहा था।

सामनगढ (कोल्हापुर राज्य) से, श० सं० ६७५ (वि० सं० ८१०= ई० स० ७५३) का, एक दानपत्र[1] मिला है। उसमें लिखा है:-

"माहीमहानदीरेवारोधोभिन्तिविदारणम्।
+ + +
यो वल्लभं सपदि दंडलकेन (बलेन) जित्वा।
राजाधिराजपरमेश्वरतामुपैति॥
कांचीशकेरलनराधिपचोलपाण्ड्य-
श्रीहर्षवज्रटविभेदविधानदक्षम्।
कार्णाटकं बलमनन्तमजेयरत्यै (थ्यै[2])-
र्भि (र्भृ) त्यैः कियद्भिरपि यः सहसा जिगाय॥"

अर्थात्-इस (दन्तिवर्मा द्वितीय) के हाथी माही, महानदी, और नर्मदा तक पहुँचे थे[3]।

+ + + +

(१) इण्डियन ऐण्टिक्वेरी, भाग ११, पृ. १११

(२) तलेगांव से मिले ताम्रपत्र में "मजेयमन्यैः" पाठ है।

(३) इससे इसका माहीकांठा, मालवा, और उड़ीसा विजय करना प्रकट होता है।

इसने वल्लभ (पश्चिमी-चालुक्य राजा कीर्तिवर्मा द्वितीय) को जीत कर "राजाधिराज" और "परमेश्वर" की उपाधियां धारण की थीं, और थोड़े से सवारों को साथ लेकर कांची, केरल, चोल, और पाण्ड्य देश के राजाओं, और (पहले के) राजा हर्ष और वज्रट को जीतने वाली कर्णाटक की बड़ी सेना को हराया था।

यहाँ पर कर्णाटक की सेना से चालुक्यों की सेना का ही तात्पर्य है।

इसने दक्षिण विजय करते समय श्रीशैल (मद्रास के कर्नूल जिले) के राजा को भी जीता था।

इसी प्रकार इसने कलिङ्ग[2], कोसल[3], मालव, लाट[4], और टङ्क के राजाओं, तथा शेषों (नागवंशियों) पर भी विजय प्राप्त की थी। इसने उज्जयिनी में बहुतसा सुवर्ण दान दिया था, और महाकाल के लिए रत्न-जटित मुकुट अर्पण किये थे।

इससे प्रकट होता है कि, यह दक्षिण का प्रतापी राजा था। इसकी माता ने इसके राज्य के करीब करीब सारे ही (चार लाख) गावों में थोड़ी बहुत पृथ्वी दान की थी।

वक्कलेरी से,[5] श० स० ६७९ (वि० स० ८१४=ई० स० ७५७) का, एक ताम्रपत्र मिला है। उससे प्रकट होता है कि, यद्यपि श० स० ६७५ (वि० स० ८१०=ई० स० ७५३) के पूर्व ही दन्तिदुर्ग ने चालुक्य (सोलंकी) कीर्तिवर्मा (द्वितीय) के राज्य पर अधिकार करलिया था, तथापि श० सं० ६७९ (वि० स० ८१४=ई० स० ७५७) तक भी सोलङ्कियों के राज्य के दक्षिणी भाग पर उसी (कीर्तिवर्मा द्वितीय) का अधिकार था।

---

(१) एहोले के लेख में लिखा है –

'अपरिमितविभूतिस्फीतसामन्तसेनामकुटमणिमयूखाक्रान्तपादारविन्दः ।
युधि पतितगजेन्द्रानीकबीभत्सभूतो भयविगलितहर्षो येन चाकारि हर्षः ॥

अर्थात्–चालुक्य राजा पुलकेशी द्वितीय ने बैसवंशी राजा हर्ष को हरादिया ।

(२) समुद्र के पास का, महानदी और गोदावरी के बीच का, देश ।

(३) यहां पर दक्षिण कोशल (आधुनिक मध्यप्रदेश) से तात्पर्य है जो अवध प्रांत के दक्षिणी भाग में था। अयोध्या, और लखनऊ, आदि उत्तर कोशल में गिने जाते थे।

(४) नर्मदा के पश्चिम का बड़ौदा के पास का देश ।

(५) एपिग्राफिया इण्डिका, भाग ६, पृ० २०२ ।

गुजरात के महाराजाधिराज कर्कराज द्वितीय का, श. सं. ६७९ (वि. सं. ८१४=ई. स. ७५७) का, एक ताम्रपत्र, सूरत के पास से, मिला है। उससे प्रकट होता है कि, इस दन्तिवर्मा (दन्तिदुर्ग द्वितीय) ने, अपनी सोलङ्कियों पर की विजय के समय, लाट (गुजरात) को जीतकर वहां का अधिकार अपने रिश्तेदार कर्कराज द्वितीय को देदिया था।[1]

इसके दन्तिवर्मा और दन्तिदुर्ग दो नाम मिलते हैं, और इसके नामके साथ निम्नलिखित उपाधियां लगी जाती हैं:—

महाराजाधिराज, परमेश्वर, परमभट्टारक, पृथ्वीवल्लभ, वल्लभराज, महाराजशर्व, खड्गावलोक, साहसतुङ्ग और वैरमेघ। सम्भवतः यह "खड्गावलोक" उपाधि इसकी दृष्टि का शत्रुओं के लिए खड्ग के समान भयङ्कर होना ही सूचित करती है।

इन सब बातों पर विचार करने से प्रकट होता है कि, यह राजा बड़ा प्रतापी था; और इसका राज्य गुजरात, और मालवे की उत्तरी सीमा से लेकर दक्षिण में रामेश्वर तक फैलगया था।[3]

इसने पहले आस पास के छोटे छोटे राजाओं को विजय कर मध्यप्रदेश को जीता था। इसके बाद इसे दुबारा लौट कर काञ्ची जाना पड़ा; क्योंकि वहां के राजा ने, अपनी गयी हुई स्वाधीनता प्राप्त करने के लिए, एकबार फिर सिर उठाया था। परन्तु उसमें काञ्ची नरेश को सफलता नहीं मिली।[4]

---

(१) जर्नल बाम्बे एशियाटिक सोसाइटी, भाग १६, पृ० १०६।

(२) इसी समय, गुजरात का, सामन्त गुर्जर जयभट तृतीय था। उसका, चेदि सं० ४८६ (वि० सं० ७९३=ई० स० ७३६) का, एक ताम्रपत्र मिला है। शायद इसके बादही दन्तिवर्मा द्वितीय ने वहां का राज्य छीन कर कर्कराज को देदिया होगा।

(३) पैठन (निज़ाम राज्य) से मिले राष्ट्रकूट गोविन्दराज के दानपत्र में लिखा है कि, इसने अपने राज्य का विस्तार दक्षिण में सेतुबन्ध रामेश्वर से उत्तर में हिमालय तक, और पूर्वी समुद्र से पश्चिमी समुद्र तक करलिया था।

(४) नौसारी से मिले, श० सं० ८३६ (वि० सं० ९७१) के, लेख में लिखा है:—

"काञ्चीशंर्व गदमकारि करेण भूयः"

ऐपिग्राफिया इण्डिका, भा० ६, पृ० २१

पूर्वोक्त दशावतार के लेख में दन्तिदुर्ग का सत्रुभूपाधिप को जीतना भी लिखा है। यह दक्षिण में काञ्ची के पास का ही कोई राजा होगा, क्योंकि लेख में इसके बाद ही काची का उल्लेख है।

७ कृष्णराज प्रथम

यह इन्द्रराज द्वितीय का छोटा भाई, और दन्तिदुर्ग का चचा था, तथा दन्तिदुर्ग के पीछे उसके राज्य का अधिकारी हुआ।

इसके समय के तीन शिलालेख, और एक ताम्रपत्र मिला है—

पहला विना सवत् का लेख हत्तिमत्तूर[1] से, दूसरा, श स ६९० (वि स ८२५=ई स ७६८) का, लेख तलेगाव[2] से, और तीसरा, श स ६९२ (वि स ८२७=ई स ७७०) का, लेख आलास[3] से मिला है।

इसके समय का ताम्रपत्र[4] श स ६९४ (वि स. ८२९=ई स ७७२) का है।

वाणी गाव (नासिक) से, श स ७३० (वि स ८६५=ई स ८०७) का, एक ताम्रपत्र मिला है। यह राष्ट्रकूट राजा गोविन्दराज तृतीय का है। इसमें कृष्णराज के विषय में लिखा है—

"यश्चालुक्यकुलादनूनविबुधभ्राताश्रयो वारिधे-
र्लक्ष्मीम्मन्दरवत्सलीलमचिरादाकृष्टवान् वल्लभ ॥"

अर्थात्—समुद्र मथन के समय, जिस प्रकार मन्दराचल पर्वत ने लक्ष्मी को समुद्र से बाहर खींच लिया था, उसी प्रकार वल्लभ (कृष्णराज प्रथम) ने भी लक्ष्मीको चालुक्य (सोलङ्की) वश से खींच लिया।

---

(१) ऐपिग्राफिया इण्डिका, भा० ६, पृ० १६१।

(२) ऐपिग्राफिया इण्डिका, भा० ६, पृ० २०९ (यह लेख कृष्णराज के पुत्र युवराज गोविन्दराज का है)।

(३) ऐपिग्राफिया इण्डिका, भा० १४, पृ० १२१।

(४) इण्डियन ऐण्टिक्वेरी, भा० ११, पृ० १५७।

बड़ोदा से, श. स ७३४ (वि. सं. ८६९=ई. स. ८१२) का, एक ताम्रपत्र मिला है। यह गुजरात के राष्ट्रकूट राजा कर्कराज का है। उसमें कृष्णराज प्रथम के विषय में लिखा है.–

"यो युद्धकण्डूतिगृहीतमुच्चैः शौर्योष्मसंदीपितमापतन्तम्।
महावराहं हरिणीचकार प्राज्यप्रभावः खलु राजसिंहः॥

अर्थात्–राजाओं में सिंह के समान बली कृष्णराज प्रथम ने, अपनी शक्ति के घमण्ड और युद्ध की इच्छा से आते हुए, महावराह (कीर्तिवर्मा द्वितीय) को हरिण बनादिया (भगादिया)।

सम्भवत यह घटना वि. स. ८१४ (ई. स. ७५७) के निकट की है।

सोलंकियों के ताम्रपत्रों पर वराह का चिह्न बना मिलता है। इसीसे इस दानपत्र के लेखक ने कीर्तिवर्मा के लिए वराह शब्दका प्रयोग किया है।

इससे यह भी प्रकट होता है कि, कृष्णराज के समय कीर्तिवर्मा द्वितीय ने अपने गये हुए राज्य को फिर से प्राप्त करने की चेष्टा की होगी। परन्तु इस कार्य्य में वह सफल न होसका, और उलटा उसका रहा सहा राज्य भी उसके हाथ से निकल गया।

कृष्णराज की सेना में एक बड़ा रिसाला भी रहता था।

दक्षिण हैदराबाद (निजाम राज्य) की एलापुर (इलोरा) की प्रसिद्ध गुफाओं में का कैलास भवन नामक शिव का मंदिर इसी ने बनवाया था। यह मन्दिर पर्वत को काटकर बनवाया गया था, और यह इस समय भी अपनी कारीगरी के लिए भारत भर में प्रसिद्ध है। यहीं इसने, अपने नाम पर, कन्नेश्वर नामका एक "देवकुल" भी बनवाया था; जिसमें अनेक विद्वान् रहा करते थे। इनके अतिरिक्त इसने १८ शिव-मंदिर और भी बनवाये थे। इससे सिद्ध होता है कि यह परम शैव था।

---

(१) इण्डियन ऐण्टिक्वेरी, भा० १२, पृ० १५८।

कृष्णराज की निम्नलिखित उपाधियां मिलती हैं —

अकालवर्ष, शुभतुङ्ग, पृथ्वीवल्लभ, और श्रीवल्लभ। इसने गर्वोद्धत गहूर्य[1] को भी हराया था।

मि० विन्सैण्टस्मिथ आदि विद्वानों का अनुमान है कि, इस (कृष्णराज) ने अपने भतीजे दन्तिदुर्ग (द्वितीय) को गद्दी से हटाकर उसके राज्य पर अधिकार करलिया था[2]। परन्तु यह ठीक प्रतीत नहीं होता, क्योंकि वणी और नवसारी से मिले दानपत्रों में[3] "तस्मिन्दिवंगते" (अर्थात्-दन्तिदुर्ग के स्वर्ग जाने पर) लिखा होने से इसका अपने भतीजे (दन्तिदुर्ग) के मरने पर ही गद्दी पर बैठना प्रकट होता है।

बडोदा से मिले पूर्वोक्त ताम्रपत्र[4] से यहभी प्रकट होता है कि, कृष्णराज के समय इसी राष्ट्रकूट वंश के एक राजपुत्र ने राज्य पर अधिकार करने का प्रयत्न किया था। परन्तु कृष्णराज ने उसे दबादियाँ[5]। सम्भव है वह राजपुत्र दन्तिदुर्ग द्वितीय का पुत्र हो, और उसके निर्बल या छोटे होने के कारण ही कृष्णराज ने राज्य पर अधिकार करलिया हो।

यद्यपि कर्कराज के, करड़ा से मिले (श स ८९४ के) दानपत्र[6] में स्पष्ट तौर से लिखा है कि, दन्तिदुर्ग के अपुत्र मरने परही उसका चचा कृष्णराज उसका उत्तराधिकारी हुआ था, तथापि उस दानपत्र के उक्त घटना से २०० वर्ष बाद लिखे जाने के कारण उस पर पूर्ण रूप से विश्वास नहीं किया जासकता।

---

(१) ऐपिग्राफिया इण्डिका, भा० ३ पृ० १०५। कुछ विद्वान् लाट (गुजरात) नरेश कर्कराज द्वितीय का ही दूसरा नाम राहप्प अनुमान करते हैं। सम्भव है इसी युद्ध के कारण गुजरात के राष्ट्रकूटों की उस शाखा की समाप्ति हुई हो।

(२) ऑक्सफोर्ड हिस्ट्री ऑफ इण्डिया, पृ० २१६

(३) इण्डियन ऐण्टिक्वेरी, भा० ५, पृ० १४६ और जर्नल बॉम्बे एशियाटिक सोसाइटी, भा० १८, पृ० २५७।

(४) जर्नल बंगाल एशियाटिक सोसाइटी भा० ८ पृ० २९२ २९३।

(५) "यो वंश्यमुन्मूल्य विमार्गभाज राज्यं स्वयं गोत्रहिताय चक्रे"। कुछ लोग इस घटना से लाट (गुजरात) के राजा कर्कराज द्वितीय से राज्य छीनने का तात्पर्य लेते हैं। सम्भव है दन्तिवर्मा द्वितीय के बाद उसने कुछ गड़बड़ मचायी हो।

(६) इण्डियन ऐण्टिक्वेरी, भा० १२ पृ० २६४

कृष्णराज का राज्यारोहण वि. स. ८१७ (ई. स. ७६०) के करीब हुआ होगा।

इसके दो पुत्र थे.—गोविन्दराज, और ध्रुवराज।

कुछ लोग हलायुध रचित 'कविरहस्य' के नायक राष्ट्रकूट कृष्ण से इसी कृष्ण प्रथम का तात्पर्य लेते हैं; और कुछ लोग उसे कृष्ण तृतीय मानते हैं। वास्तव मे यह पिछला मत ही ठीक प्रतीत होता है। 'कविरहस्य' में लिखा है:-

अस्त्यगस्त्यमुनिज्योत्स्नापवित्रे दक्षिणापथे।
कृष्णराज इति ख्यातो राजा साम्राज्यदीक्षितः॥
— — — — — — — — —
कस्तं तुलयति स्थाम्ना राष्ट्रकूटकुलोद्भवम्।
— — — — — — — — —
सोमं सुनोति यज्ञेषु सोमवंशविभूषणः।
पुरः सुवति संग्रामे स्यन्दनं स्वयमेव सः॥

अर्थात्—दक्षिण-भारत में कृष्णराज नाम का बड़ा प्रतापी राजा है।

— — — * — — — * — — —

उस राष्ट्रकूट राजा की बराबरी कोई नहीं कर सकता।

— — — * — — — * — — —

यह चन्द्रवंशी राजा अनेक यज्ञ करता रहता है, और युद्ध में अपना रथ सब से आगे रखता है।

'राजवार्तिक' आदि ग्रन्थो का कर्ता प्रसिद्ध जैन-तार्किक अकलङ्क भट्ट इसी कृष्णराज प्रथम के समय हुआ था।

चांदी के सिक्के

धमोरी (अमरावती ताल्लुके) से राष्ट्रकूट राजा कृष्णराज के, करीब १८००, चादी के सिक्के मिले हैं। ये क्षत्रपो के सिक्को से मिलते हुए हैं। इनका आकार प्रचलित चादी की दुअन्नी के बराबर है। परन्तु मुटाई दुअन्नी से दुगनी के करीब है। इन पर एक तरफ राजा का गर्दन तक का चित्र बना है, और दूसरी तरफ "परममाहेश्वर मातादित्यपादानुध्यात श्रीकृष्णराज" लिखा है।

(१) इस मत के अनुयायी 'कविरहस्य' का रचना काल वि० सं० ८६७ (ई० स० ८१०) के करीब मानते हैं।

८ गोविन्दराज द्वितीय

यह कृष्णराज प्रथम का पुत्र, और उत्तराधिकारी था। इसके, पूर्वोक्त[1] श. सं. ६९२ (वि. सं. ८२७=ई. स. ७७०) के, ताम्रपत्र से प्रकट होता है कि,[2] इसने वेंगि (गोदावरी और कृष्णा नदियोंके बीच के पूर्वी समुद्र तट के देश) को जीताथा। उस ताम्रपत्र में इसे युवराज लिखा है। इस से सिद्ध होता है कि, उस समय तक इस का पिता (कृष्णराज प्रथम) जीवत था।

इसके समय के दो दानपत्र और भी मिले हैं। इनमें का पहला,[3] श० सं० ६९७ (वि० सं० ८३२=ई० स० ७७५) का है। इसमें इसके छोटे भाई ध्रुवराज के नाम के साथ महाराजाधिराज आदि उपाधियां लगी हैं।

दूसरा[4] श. सं. ७०१ (वि. सं. ८३६=ई. स. ७७९) का है। इससे उस समय तक भी गोविन्दराज का ही राजा होना प्रकट होता है; और इसमें ध्रुवराज के पुत्र का नाम कर्कराज लिखा है। परन्तु इन दोनों दानपत्रों से ज्ञात होना है कि, उन दिनों गोविन्दराज नाममात्र का राजा ही था।

वाणी-डिंडोरी, बड़ोदा, और राधनपुर से मिले दानपत्रों में गोविन्दराज का नाम न होने से अनुमान होता है कि, सम्भवत. शीघ्रही इसके छोटे भाई ध्रुवराज ने इसके राज्य पर अधिकार करलिया था। वर्धा के ताम्रपत्र से प्रकट होता है कि, इस (गोविन्दराज द्वितीय) ने, भोग विलास में अधिक प्रीति होने से,

---

(१) ऐपिग्राफिया इण्डिका, भा. ६, पृ० २०९

(२) इसने यह विजय युवराज अवस्था में ही प्राप्त की थी। जिस समय इसका शिविर कृष्णा, वेणा, और मुसी नदियों के सगम पर था, उसी समय वेंगि-नरेश ने वहां पहुंच इसकी अधीनता स्वीकार की थी।

(३) ऐपिग्राफिया इण्डिका, भा. १०, पृ ८९

(४) ऐपिग्राफिया इण्डिका, भा. ८, पृ १८४

राज्य का सारा भार अपने छोटे भाई निरुपम को सौंप रक्खा था। सम्भव है इसीसे इसके हाथ से राज्याधिकार छिन गया हो।

पैठन से मिले ताम्रपत्र[2] से प्रकट होता है कि, गोविन्दराज द्वितीय ने अपने पड़ोसी मालव, कांची, और वेंगि आदि देशों के राजाओं की सहायता से एकवार फिर अपने गये हुए राज्य पर अधिकार करने की चेष्टा की थी। परन्तु निरुपम (ध्रुवराज) ने इसे हराकर इसके राज्य पर पूर्णरूप से अधिकार करलिया।

दिगम्बर जैन संप्रदाय के आचार्य जिनसेन ने अपने बनाये 'हरिवंशपुराण' के अन्त में लिखा है:-

"शाकेष्वब्दशतेषु सप्तसु दिशं पञ्चोत्तरेषूत्तरां
पातीन्द्रायुधनाम्नि कृष्णनृपजे श्रीवल्लभे दक्षिणाम्।
पूर्वां श्रीमदवन्तिभूभृति नृपे वत्सादि(धि)राजेऽपरां
सौर्या(रा)णामधिमण्डले(लं) जययुते वीरे वराहेऽवति॥"

अर्थात्-जिस समय, श. सं. ७०५ (वि. सं. ८४०=ई. स. ७८३) में, उक्त पुराण बना था, उस समय उत्तर में इन्द्रायुध[3] का, दक्षिण में कृष्ण के पुत्र श्रीवल्लभ का, पूर्व में अवन्ति के राजा वत्सराज का, और पश्चिम में वराह का राज्य था।

---

(१) "गोविन्दराज इति तस्य बभूव नाम्ना
सूनुः स भोगभरभंगुरराज्यचिन्तः।
आत्मानुजे निरुपमे विनिवेश्य सम्यक
साम्राज्यमीश्वरपदं शिथिलीचकार॥"

अर्थात्-कृष्णराज प्रथम के पुत्र गोविन्दराज द्वितीय ने, भोग विलास में फँसकर, राज्य का कार्य अपने छोटे भाई निरुपम को सौंप दिया था। इसीसे उसका प्रभुत्व शिथिल हो गया।

(२) ऐपिग्राफिया इण्डिका, भा. ४, पृ. १०७।

(३) कुछ विद्वान् इन्द्रायुध को राष्ट्रकूटवंशी और कन्नौज का राजा मानते हैं। प्रतिहार वत्सराज के पुत्र नागभट द्वितीय ने इसीके उत्तराधिकारी चक्रायुध को हराकर कन्नौज पर अधिकार करलिया था।

इससे ज्ञात होता है कि, श. स. ७०५ (वि. स. ८४०) तक भी गोविन्दराज द्वितीय[1] ही राज्य का स्वामी था, क्योंकि पैठन[2] और पट्टदकल[3] से मिले दानपत्रो में गोविन्दराज द्वितीय की उपाधि "वल्लभ", और इसके छोटे भाई ध्रुवराज की उपाधि "कलिवल्लभ" लिखी है।

गोविन्दराज द्वितीय की निम्नलिखित उपाधिया भी मिलती हैं –

महाराजाधिराज, प्रभूतवर्ष, और विक्रमावलोक।

गोविन्दराज का राज्यारोहण वि. स. ८३२ (ई. स. ७७५) के करीब हुआ होगा, क्योंकि इसके पिता कृष्णराज प्रथम की श. स. ६९४ (वि. स ८२९=ई. स ७७२) की एक प्रशस्ति मिल चुकी है।

९ ध्रुवराज

यह कृष्णराज प्रथम का पुत्र, और गोविन्दराज द्वितीय का छोटा भाई था। इसने अपने बड़े भाई गोविन्दराज द्वितीय को गद्दी से हटाकर स्वय उस पर अधिकार करलिया था।

यह बड़ा वीर, और योग्य शासक था। इसीसे इसको "निरुपम" भी कहते थे। इसने काञ्ची के पल्लववंशी राजा को हराकर उससे दण्ड के रूप में कई हाथी लिये थे, चेरदेश के गङ्गवंशी राजा को कैद करलिया था, और गौड़देश के राजा को जीतने वाले उत्तर के पड़िहार राजा वत्सराज[4] को मारवाड़ (भीनमाल) की तरफ भगादिया था। इसने वत्सराज से वे दो छत्र भी, जो उसने गौड़देश के राजा से प्राप्त किये थे, छीन लिये थे।

---

(१) बहुत से लोग यहां पर श्रीवल्लभ से गोविन्द तृतीय का तात्पर्य लेते हैं। यह ठीक नहीं है।

(२) एपिग्राफिया इण्डिका, भा. ३ पृ. १०५

(३) इण्डियन एण्टिक्केरी, भा. ११ पृ. १२५ (यह लेख ध्रुवराज के समय का है)

(४) वत्सराज के मालवे पर चढ़ाई करने पर यह ध्रुवराज अपने सामन्त लाट (गुजरात) के राष्ट्रकूट राजा कर्कराज को देकर मालवनरेश की सहायता को गया था। इसीसे वत्सराज को इधर भीनमाल की तरफ भागना पड़ा।

गोविन्दराज द्वितीय के इतिहास में उद्धृत किये 'हरिवंशपुराण' के श्लोक में इसी नगराज का उल्लेख है।

वेगुम्रा से मिले दानपत्र से ज्ञात होता है कि, ध्रुवराज ने (उत्तर) कोशल के राजा से भी एक छत्र छीना था। इसकी पुष्टि देओली (वर्धा) से मिले ताम्रपत्र से भी होती है। उसमें ध्रुवराज के पास तीन श्वेतछत्रों का होना लिखा है। इनमें दो छत्र वत्सराज से छीने हुए, और तीसरा कोशल के राजा से छीना हुआ होगा।

सम्भवतः ध्रुवराज का अधिकार उत्तर में अयोध्या से दक्षिण में रामेश्वर तक फैल गया था।

ध्रुवराज के भ्राता गोविन्दराज द्वितीय के इतिहास में श. स. ६९७, और ७०१ के ताम्रपत्रों का उल्लेख कर चुके हैं। वे दोनों वास्तव में इसी के हैं।

पट्टदकल, नरेगल, और लक्ष्मेश्वर से कनाड़ी भाषा की तीन प्रशस्तियाँ मिली हैं। ये भी शायद इसी के समय की हैं।

ध्रुवराज की निम्नलिखित उपाधियां मिलती हैं:—

कलिवल्लभ, निरुपम, धारावर्ष, श्रीवल्लभ, महाराजाधिराज, परमेश्वर आदि।

नरेगल की प्रशस्ति में इसके नाम का प्राकृतरूप "ध्रोर" (धोर) लिखा है।

श्रवणबेलगोला से कनाड़ी भाषा का टूटा हुआ एक लेख और भी मिला है। यह महासामन्ताधिपति कम्भय्य (स्तम्भ) रणावलोक के समय का है। इसमें रणावलोक को श्रीवल्लभ का पुत्र लिखा है।

ध्रुवराज का राज्यारोहणकाल वि. स. ८४२ (ई. स. ७८५) के करीब होना चाहिये।

---

(१) जर्नल बॉम्बे एशियाटिक सोसाइटी, भा० १८, पृ० २६१

(२) इण्डियन ऐण्टिक्वेरी, भा० ६, पृ० १६२

(३) इण्डियन ऐण्टिक्वेरी, भा. ११, पृ. १२५, और ऐपिग्राफिया इण्डिका, भा. ६, पृ १६३ और पृ. १६६

(४) इन्सक्रिपशन्स ऐट श्रवणबेलगोला, न. २४, पृ. २

(५) विन्सेण्टस्मिथ इसका राज्यारोहण ई. स. ७८० में अनुमान करते हैं।

जिम समय इसने अपने बडे भाई गोविन्दराज द्वितीय के राज्य पर अधिकार किया था, उस ममय गङ्ग, वेङ्गि, काञ्ची, और मालवा के राजाओ ने उस (गोविन्द द्वितीय) की सहायता की थी। परन्तु इस (ध्रुवराज) ने उन सब को हरादिया। इसने अपने जीतेजीही अपने पुत्र गोविन्द तृतीय को कठिका (कोंकण) से लेकर खभात तक के प्रदेश का शासक बनादिया था।

दौलताबाद से, श. स. ७१५ (वि. स. ८५०=ई. स. ७९३) का, एक दानपत्र मिला है। इसमें ध्रुवराज के चचा (कर्कराज के पुत्र) नन्न के पुत्र शङ्करगण के दान का उल्लेख है। इससे यह भी ज्ञात होता है कि, उस समय वहा पर ध्रुवराज का राज्य था, और इसने, गोविन्दराज द्वितीय की शिथिलता के कारण राष्ट्रकूट राज्य को दबा लेने के लिए उद्यत हुए अन्य लोगों को देख कर ही, उस पर अधिकार किया था।

१० गोविन्दराज तृतीय

यह ध्रुवराज का पुत्र, और उत्तराधिकारी था। यद्यपि ध्रुवराज ने इसे, अपने पुत्रों में योग्यतम समझ, अपने जीतेजी ही राज्य देना चाहा था, तथापि इसने उसे अङ्गीकार करने से इनकार करदिया, और यह पिता की विद्यमानतामें केवल युवराज की हैसियत से ही राज्य का सचालन करता रहा।

इसकी निम्नलिखित उपाधिया मिलती हैं:-

पृथ्वीवल्लभ, प्रभूतवर्ष, श्रीवल्लभ, विमलादित्य, जगत्तुङ्ग, कीर्त्तिनारायण, अतिशयधवल, त्रिभुवनधवल, और जनवल्लभ आदि।

---

(१) उस समय वेङ्गि का राजा पूर्वी चालुक्य विष्णुवर्धन चतुर्थ था।

(२) ऐपिग्राफिया इण्डिका, भा ६, पृ. १९३

(३) गोविन्दराज के पुत्र अमोघवर्ष प्रथम के, नीलगुड से मिले, श० सं० ७८८ (वि० सं० ९२३=ई० स० ८६६) के लेख से प्रकट होता है कि, गोविन्दराज तृतीय ने केरल, मालव, गौड, गुर्जर, और चित्रकूट वालों को तथा कांची के राजा को हराया था, और इसी से यह कीर्तिनारायण कहाता था।

(ऐपिग्राफिया इण्डिका, भा. ६, पृ. १०२)

इस के समय के ६ ताम्रपत्र मिले हैं। इनमें का पहला श. स. ७१६ (वि. स. ८५१=ई. स. ७६४) का है। यह पैठन से मिला था। दूसरा श. स. ७२६ (वि. स. ८६१=ई. स ८०४) का है। यह सोमेश्वर से मिला था। इसमें इसकी स्त्री का नाम गामुण्डब्बे लिखा है। इससे यह भी प्रकट होता है कि, इसने काची (काजीवर) के राजा दन्तिग को हराया था।

यह दन्तिग शायद पल्लववंशी दन्तिवर्मा होगा, जिसके पुत्र नन्दिवर्मा का विवाह राष्ट्रकूट राजा अमोघवर्ष की कन्या शंखा से हुआ था।

तीसरा, और चौथा ताम्रपत्र श. स. ७३० (वि. स. ८६५=ई. स. ८०८) का है[3]। इनमें लिखा है कि, गोविन्दराज (तृतीय) ने, अपने भाई स्तम्भ[4] की अध्यक्षता में एकत्रित हुए, बारह राजाओं को हराया था। (इससे अनुमान होता है कि, ध्रुवराज के मरने पर स्तम्भने, अन्य पड़ोसी राजाओं की सहायता से, राष्ट्रकूट-राज्यपर अधिकार करने की चेष्टा की होगी।)

गोविन्दराज ने, अपने पिता (ध्रुवराज) द्वारा कैद किये, चेर (कोइम्बटूर) के राजा गंग को छोड़ दिया था। परन्तु जब उसने फिर बगावत पर कमर बाँधी, तब उसे दुबारा पकड़ कर कैद करदिया।

---

(१) ऐपिग्राफिया इण्डिका, भा. ३, पृ १०५

(२) इण्डियन ऐण्टिक्वेरी, भा. ११, पृ १२६

(३) इण्डियन ऐण्टिक्वेरी, भा. ११, पृ. १५७, और एपिग्राफिया इण्डिका भा. ६, पृ २४२।

(४) स्तम्भ के, नेलमगल से मिले, श. स. ७२४ के, दानपत्र में स्तम्भ के स्थान पर शौचकम्भ (शौचकम) नाम लिखा है—

"आसीभ्रातास्य शक्तित्रयनमितभुवः शौचकम्भाभिधानो"।

इस दानपत्र से यह भी ज्ञात होता है कि, सम्भवत उपर्युक्त पराजय के बाद यह शौचकम्भ गोविन्दराज का आज्ञाकारी बनगया था। शौचकम्भ का दूसरा नाम रणावलोक था और इसने, चण्डय नामक राजकुमार की सुफारिश से, जैन मन्दिर के लिए, एक गांव दान दिया था।

इन ताम्रपत्रों से यह भी ज्ञात होता है कि, इस (गोविन्दराज तृतीय) ने गुजरात के राजा पर चढ़ाई कर उसे भगादिया, मालवे को जीता, विन्ध्याचल की तरफ की चढ़ाई में, माराशर्व को वशमें कर, वर्षाऋतु की समाप्ति तक श्रीभवन (मलखेड) में निवास रक्खा, शरद् ऋतु के आने पर, तुङ्गभद्रा नदी की तरफ आगे बढ़, काञ्ची के पल्लव राजा को हराया, और अन्त में इस की आज्ञा से वेङ्गि (कृष्णा और गोदावरी के बीच के प्रदेश) के राजा ने आकर इसकी अधीनता स्वीकार की। यह राजा शायद पूर्वी चालुक्यवंश का विजयादित्य द्वितीय होगा।

सजान के ताम्रपत्र से ज्ञात होता है कि, राजा धर्मायुध और चक्रायुध दोनोंने ही इसकी अधीनता स्वीकार करली थी।

इसी प्रकार वंग, और मगध के राजाओं को भी इस (गोविन्दराज तृतीय) के वशवर्ती होना पड़ा था।

पूर्वोक्त श स ७२६ के ताम्रपत्र में इसकी तुङ्गभद्रा तरफ की यात्रा का उल्लेख होने से प्रकट होता है कि, ये घटनायें श स ७२६ (वि स ८६१=ई स ८०४) के पूर्व हुई थीं।

उपर्युक्त तीसरा, और चोथा ताम्रपत्र वाणी, और राधनपुर से मिला है। ये दोनो मयूरखंडी से दिये गये थे। यह स्थान आजकल नासिक जिले में मोरखण्ड के नाम से प्रसिद्ध है।

पांचवा, और छठा ताम्रपत्र श स ७३२ (वि स ८६७= ई. स ८१०) का है, सातवा श स० ७३३ (वि स ८६८=ई स ८११) का है, और आठवा श स ७३४ (वि स ८६९=ई स ८१२) का है। इसमें लाट (गुजरात) के राजा कर्कराज द्वारा दिये गये दान का उल्लेख है।

---

(१) डक्टर बूलर इस गुर्जरराज से चापोत्कटों या अनहिलवाडे के चावडों का तात्पर्य लेते हैं

(एपिग्राफिया कर्णाटिका, भागभाग नं० ६१ पृ० ५१)

(२) यह ताम्रपत्र अप्रकाशित है। (इण्डियन ऐण्टिक्वेरी भा० १२, पृ० १५८)

(३) वटसन म्यूजियम (राजकोट) की रिपोर्ट (ई स १९२५ १९२६), पृ० १२

(४) इण्डियन एण्टिक्वेरी, भाग, १२, पृ० १५६

नवां ताम्रपत्र श. सं. ७३५ (वि. सं. ८६९=ई. स. ८१२) का है। इससे ज्ञात होता है कि, गोविन्दराज तृतीय ने लाटदेश (गुजरात के मध्य और दक्षिणी भाग) को विजय कर वहां का राज्य अपने छोटे भाई इंद्रराज को देदिया था। इसी इन्द्रराज से गुजरात के राष्ट्रकूटों की दूसरी शाखा चली थी।

ऊपर लिखी बातों से पता चलता है कि, गोविन्दराज तृतीय एक प्रतापी राजा था। उत्तर में विन्ध्य और मालवे से दक्षिण में कांचीपुर तक के राजा इसकी आज्ञा का पालन करते थे, और नर्मदा तथा तुङ्गभद्रा नदियों के बीच का प्रदेश इसके शासन में था।

कडब (माइसोर) से, श. सं. ७३५ (वि. सं. ८७०=ई. सं. ८१३) का, एक ताम्रपत्र और मिला है। इस में विजयकीर्ति के शिष्य जैनमुनि अर्क-कीर्ति को दिये गये दान का उल्लेख है।

यह विजयकीर्ति कुलाचार्य का शिष्य था, और यह दान गंगवंशी राजा चाकिराज की प्रार्थना पर दिया गया था।

इस दानपत्र में ज्येष्ठ शुक्ला १० को सोमवार लिखा है। परन्तु गणितानुसार उसदिन शुक्रवार आता है। इसलिए यह दानपत्र सन्दिग्ध प्रतीत होता है।

पहले गोविन्दराज द्वितीय के इतिहास में 'हरिवंशपुराण' का एक श्लोक उद्धृत किया जाचुका है। उसका दूसरा पाद इस प्रकार है:—

"पातींद्रायुधनाम्नि कृष्णनृपजे श्रीवल्लभे दक्षिणाम्।"

कुछ विद्वान् इसमें के "कृष्णनृपजे" का सम्बन्ध "श्रीवल्लभे" से, और कुछ "इन्द्रायुधनाम्नि" से लगाते हैं। पहले मत के अनुसार इस श्लोक का सम्बन्ध गोविन्द द्वितीय से होता है। परन्तु पिछले मतानुसार इन्द्रायुध को कृष्ण का पुत्र मान लेने से "श्रीवल्लभ" खाली रहजाता है। इसलिए इस मत को मानने वाले श. सं. ७०५ में गोविन्द द्वितीय के बदले गोविन्द तृतीय का होना अनुमान करते हैं। यह ठीक नहीं है।

---

(१) ऐपिग्राफिया इण्डिका, भाग, ३, पृ० ५४

(२) ताप्ती और माही नदियों के बीच का देश।

(३) इण्डियन ऐण्टिक्वेरी, भा० १२, पृ० १३; और ऐपिग्राफिया इण्डिका, भा, ४, पृ० ३४०।

श. स. ७८८ (वि. स. ९२३=ई. स. ८६६) की, नीलगुण्ड से मिली, प्रशस्ति में लिखा है कि, गोविन्द तृतीय ने केरल, मालव, गुर्जर, और चित्रकूट (चित्तोड़) को विजय किया था।

इस का राज्यारोहण काल वि. स. ८५० (ई. स. ७९३) के बाद होना चाहिये। इसने वेंगी के पूर्वी-चालुक्य राजा द्वारा मान्यखेट के चारों तरफ शहर पनाह बनवायी थी।

मुंगेर से मिली एक प्रशस्ति में लिखा है कि, राष्ट्रकूट राजा परबल की कन्या रण्णादेवी का विवाह बंगाल के पालवंशी राजा धर्मपाल के साथ हुआ था। डाक्टर कीलहार्न परबल से गोविन्द तृतीय का तात्पर्य लेते हैं। परन्तु सर भण्डारकर परबल को कृष्णराज द्वितीय अनुमान करते हैं।

११ अमोघवर्ष प्रथम

यह गोविन्द तृतीय का पुत्र था, और उसके पीछे गद्दी पर बैठा।

इस राजा के असली नाम का पता अब तक नहीं लगा है। शायद इसका नाम शर्व हो। परन्तु ताम्रपत्रों आदि में यह अमोघवर्ष के नाम से ही प्रसिद्ध है। जैसे.–

स्वेच्छागृहीतविषयान् दृढसंगभाजः
प्रोद्वृत्तदृप्ततरशौल्किकराष्ट्रकूटान्।
उत्खातखड्गनिजबाहुबलेन जित्वा
योऽमोघवर्षमचिरात्स्वपदे व्यधत्त॥

अर्थात्–उस (कर्कराज) ने, इधर उधर के प्रान्तों को दबाने वाले बागी राष्ट्रकूटों को परास्तकर, अमोघवर्ष को राजगद्दी पर बिठा दिया।

परन्तु वास्तव में यह (अमोघवर्ष) इसकी उपाधि थी। इसकी आगे लिखी और भी उपाधियां मिलती हैं–

(१) ऐपिग्राफिया इण्डिका, भा० ६, पृ० १०२

(२) इण्डियन ऐण्टिक्वेरी, भा० २१, पृ० २५४

(३) देखो पृष्ठ ४८

(४) भारत के प्राचीन राजवंश, भा० १, पृ० १८५।

नृपतुङ्ग, महाराजशर्व, महाराजशण्ड, अतिशयधवल, वीरनारायण, पृथ्वीवल्लभ, श्रीपृथिवीवल्लभ, लक्ष्मीवल्लभ, महाराजाधिराज, भटार, परमभट्टारक, प्रभूतवर्ष, और जगत्तुङ्ग।

इस राजा के पास आगे लिखी सात वस्तुएं राज-चिह्न स्वरूप थी.—

तीन श्वेतछत्र, एक शंख, एक पालिध्वज, एक श्रोकतेतु, और एक टिविली (त्रिवली)।

इनमें के तीनों श्वेतछत्र गोविन्दराज द्वितीय ने शत्रुओं से छीने थे।

अमोघवर्ष के समय के दानपत्रों, और लेखो का वर्णन आगे दिया जाता है—

इसके समय का पहला, गुजरात के राष्ट्रकूट राजा कर्कराज का, बड़ौदा से मिला, श. स. ७३८ (वि. स. ८७३=ई. स. ८१७) का ताम्रपत्र है।[1] यह कर्कराज अमोघवर्ष का चचेरा भाई था।

दूसरा, कावी (भड़ोच जिले) से मिला, श. स, ७४९ (वि. स. ८८४=ई. स. ८२७) का दानपत्र है।[2] इसमें गुजरात के राष्ट्रकूट राजा गोविन्दराज के दिये दान का उल्लेख है।

तीसरा, बड़ौदा से मिला, श. स. ७५७ (वि. स. ८९२=ई. स ८३५) का ताम्रपत्र है।[3] यह गुजरात के राजा महासामन्ताधिपति राष्ट्रकूट ध्रुवराज[4] प्रथम का है। इससे प्रकट होता है कि, अमोघवर्ष के चचा का नाम इन्द्रराज था, और उसके पुत्र (अमोघवर्ष के चचेरे भाई) कर्कराज ने, बागी राष्ट्रकूटो से युद्ध कर, अमोघवर्ष को राज्य दिलवाया था।

इसके समय का पहला, कन्हेरी (थाना जिले) की गुफा में का, श. स. ७६५ (वि. स. ९००=ई. स. ८४३) का लेख[5] है। इससे ज्ञात होता है कि, उस समय

---

(१) जर्नल बाबे ब्रांच एशियाटिक सोसाइटी, भाग २०, पृ १३५

(२) इण्डियन ऐण्टिक्वेरी, भाग ५, पृ १४४

(३) इण्डियन ऐण्टिक्वेरी, भाग १४, पृ. १९९

(४) कुछ विद्वानों का अनुमान है कि, लाट के राजा इसी ध्रुवराज प्रथम ने अमोघवर्ष के विरुद्ध बगावत की थी। परन्तु अमोघवर्ष के चढाई करने पर यह युद्ध में मारा गया।

(५) इण्डियन ऐण्टिक्वेरी, भा १३, पृ. १३६

अमोघवर्ष का राज्य था, और इसका महासामन्त (कपर्दिपाद का उत्तराधिकारी) पुल्लशक्ति सारे कोंकण प्रदेश का शासक था। यह पुल्लशक्ति उत्तरी कोंकण के शिलाहार वंश का था।

दूसरा, महासामन्त पुल्लशक्ति के उत्तराधिकारी कपर्दि द्वितीय का, श. स. ७७५ (वि. स. ९१०=ई. स. ८५३) का लेख[1] है। यह पूर्वोक्त कन्हेरी की एक दूसरी गुफा मे लगा है। विद्वान् लोग इसे वास्तव में श. स. ७७३ (वि स ९०८=ई. स. ८५१) का अनुमान करते हैं। इससे पुल्लशक्ति का बौद्धमतानुयायी होना सिद्ध होता है।

तीसरा, स्वयं अमोघवर्ष का, कोनूर से मिला, श. स. ७८२ (वि स. ९१७=ई. स ८६०) का लेख[2] है। इसमें उसके जैन देवेन्द्र को दिये दान का उल्लेख है। यह दान अमोघवर्ष ने अपनी राजधानी मान्यखेट में दिया था। इस दानपत्र में राष्ट्रकूटों को यदुवंशी लिखा है, और इसीमें अमोघवर्ष की एक नयी उपाधि "वीरनारायण" भी लिखी है। इस लेख से ज्ञात होता है कि, अमोघवर्ष जैन धर्म से भी अनुराग रखता था, और इसने बंकेय[3] के बनवाये, जिन-मन्दिर के लिए ३० गावों में भूमि दान दी थी।

---

(१) इण्डियन ऐण्टिक्वेरी, भा १३, पृ १३४

(२) ऐपिग्राफिया इण्डिका भा ६, पृ २९

(३) यह मुकुलवंशी बंकेय, अमोघवर्ष की तरफ से, बनवासी आदि तीस हजार गावों का अधिकारी था, और इसने उसकी आज्ञा से गंगवाडी की घटाटवी पर चढ़ायी की थी। यद्यपि उस समय अन्य सामन्तों ने इसे सहायता देने से इन्कार करदिया था, तथापि इसने कारर (कडूर के उत्तर पश्चिमस्थित) केडल दुर्गपर अधिकार करलिया, और वहां से आगे बढ़ तलवन (कावेरी के वामपार्श्व के तलकाड) के राजा को हराया। इसके बाद जिस समय इसने, कावेरी को पारकर, समग्र देश पर आक्रमण किया, उस समय अमोघवर्ष का पुत्र बागी होगया, और बहुत से सामन्त भी उससे जामिले। परन्तु बंकेय के लौटने पर राजपुत्र को भागना पड़ा, और उसके साथी मारे गये। इसी सेवा से प्रसन्न होकर अमोघवर्ष ने उसके बनाये जैन मन्दिर के लिए उक्त भूमि दान की थी। यद्यपि इस ताम्रपत्र में अमोघवर्ष के पुत्र के बागी होने का उल्लेख है, तथापि श. स. ७९३ के, संजान के (अमुद्रित), ताम्रपत्र में "पुत्रश्चाहमात्मनैक' (श्लोक ३९) लिखा होने से इसके केवल एक पुत्र होने का ही पता चलता है। (उसे इसने अपने जीतेजी ही राज्य का अधिकार सौंप दिया था।)

चौथा, मन्नगाडी से मिला, श. स. ७८७ (वि. स. ९२२=ई. स. ८६५) का लेख[1] है।

पांचवां, शिग्गर[2] से मिला, श. स. ७८८ (वि. स. ९२३=ई स. ८६६) का, और छठा, गालगुण्डे[3] से मिला, इसी सवत् का लेख है। ये इस के ५२ वें राज्य वर्ष के हैं।

शिग्गर के लेख से ज्ञात होता है कि, इस का राज-चिह्न गरुड[4] था, और यह "लट्टलूराधीश्वर" कहाता था। अङ्ग, वङ्ग, मगध, मालवा, और वेङ्गि के राजा इसकी सेवा में रहते थे। (सम्भव है इसमें कुछ अत्युक्ति भी हो)

सातवां, इसके सामन्त बंकेयरस का, निडगुडि से मिला लेख[5] है। यह इस (अमोघवर्ष) के ६१ वें राज्य वर्ष का है।

इस के समय के चौथे, सजान से मिले, श. स ७९३ (वि स ९२८=ई. स. ८७१) के, अमुद्रित ताम्रपत्र में लिखा है कि, इसने द्रविड नरेशों को नष्ट करने के लिए बड़ा प्रयत्न किया था, और इसकी चढाई से केरल, पाण्ड्य, चोल, कलिंग, मगध, गुजरात, और पल्लव नरेश डरजाते थे। इसने गंगवंशी राजा को, और उसके पड्यन्त्र में सम्मिलित हुए अपने नौकरो को आजन्म कारावास का दण्ड दिया था। इसके बगीचे के इर्दगिर्द की दीवार स्वयं वेंगि के राजा[6] ने बनवायी थी।

पांचवां, गुजरात के स्वामी महासामन्ताधिपति ध्रुवराज द्वितीय[7] का, श. स ७८९ (वि. स. ९२४=ई. स. ८६७) का ताम्रपत्र[8] है। इस में उस (ध्रुवराज द्वितीय) के दिये दान का वर्णन है।

---

(१) ऐपिग्राफिया इण्डिका, भा ७, पृ १९८

(२) इण्डियन ऐण्टिक्वेरी, भा १२, पृ २१८, ऐपिग्राफिया इण्डिका भा ७, पृ २०२

(३) ऐपिग्राफिया इण्डिका, भा ६, पृ १०२।

(४) इस से ज्ञात होता है कि, यह राजा वैष्णवमत का अनुयायी था।

(५) ऐपिग्राफिया इण्डिका, भा ७, पृ २१२

(६) परन्तु अन्त में जब वेङ्गि के राजा ने अपनी प्रजा को दुःख देना प्रारम्भ किया, तब अमोघवर्ष ने, उसको और उसके मंत्री को कैद कर कांची के शिवालय में (कीर्तिस्तम्भ के समान) उनकी मूर्तियां स्थापित करवायी थीं।

(७) शायद इस ध्रुवराज द्वितीय के, और अमोघवर्ष प्रथम के बीच भी युद्ध हुआ था।

(८) इण्डियन ऐण्टिक्वेरी, भा० १२, पृ० १८१

इसके समय का आठवा, कन्हेरी की गुफा मे लगा, श स ७९९ (वि स ९३४=ई स ८७७) का लेख[1] है। इससे प्रकट होता है कि, अमोघवर्ष ने, अप सामन्त, शिलारा वंशी कपर्दी द्वितीय से प्रसन्न होकर उसे कोंकण का राज्य दे दिय था। इस लेख से उस समय तक भी बौद्धमत का प्रचलित होना पाया जाता है।

पहले, गुजरात के राजा ध्रुवराज प्रथम के, श स ७५७ (वि स ८९२ के ताम्रपत्र के आधार पर लिखा जाचुका है कि, अमोघवर्ष के गद्दी बैठने पर कु[छ] लोगो ने बगावत की थी, और इसीसे इस (अमोघवर्ष) के चचेरे भाई कर्कराज [ने] इसकी सहायता की थी। परन्तु बाद की प्रशस्तियों को देखने से ज्ञात होता है कि कुछ समय बाद ही अमोघवर्ष का प्रताप खूब बढ़गया था। इसने अपनी राजधानी नासिक मे हटाकर मान्यखेट (मलखेड़)[2] मे स्थापन की थी। इसके और वेंगि के पूर्वी चालुक्यों के बीच बराबर युद्ध होता रहता था।[3]

---

(१) इंडियन एण्टिक्वेरी, भा० १३, पृ० १३५।

(२) यह मलखेड़ शोलापुर (निज़ाम राज्य) से ९० मील दक्षिण-पूर्व में विद्यमान है।

(३) विजयादित्य के ताम्रपत्र में लिखा है—

'गंगाराट्टबलैः सार्धं द्वादशाब्दानहर्निशम्।
भुजार्जितबलः खड्गसहायो नयविक्रमः॥
अष्टोत्तरं युद्धशतं युद्ध्वा शम्भोर्महालयम्।
तत्संख्यमकरोद्धीरो विजयादित्यभूपतिः॥

अर्थात्—विजयादित्य द्वितीय ने राष्ट्रकूटों और गंगवंशियों से १२ वर्षों में १०८ लड़ाइयाँ लड़ी थीं, और बाद में उतनेही शिव के मंदिर बनवाये थे।

इससे ज्ञात होता है कि, विजयादित्य को, राष्ट्रकूटों की घर की फूट के कारण ही, उन पर आक्रमण करने का मौका मिला था और कुछ समय के लिये शायद उसने इनके राज्य का थोड़ा बहुत प्रदेश भी दबालिया था। परन्तु अमोघवर्ष प्रथम ने वह सब वापिस छीनलिया। यह बात नवसारी से मिले ताम्रपत्र के निम्नलिखित श्लोक से प्रकट होती है—

'निमग्नां यश्चलुक्याब्धौ रट्टराज्यश्रियं पुनः।
पृथ्वीमिवोद्धरन् धीरो वीरनारायणोऽभवत्॥"

अर्थात् जिस प्रकार वराह ने समुद्र में डूबी हुई पृथ्वी का उद्धार किया था, उसी प्रकार अमोघवर्ष ने, चालुक्य रूपी समुद्र में डूबी हुई, राष्ट्रकूट वंश की राज्य-लक्ष्मी का उद्धार किया।

सुदी से, पश्चिमी गगवशी राजा का, एक दानपत्र मिला है। उससे प्रकट होता है कि, अमोघवर्ष की कन्या अब्बलब्बा का विवाह गुणदत्तरग भतुग से हुआ था। यह भूतुग, राष्ट्रकूट राजा कृष्ण तृतीय के सामन्त, पेरमानडि भूतुग का प्रपितामह (परदादा) था। परतु विद्वान् लोग इस दानपत्र को बनावटी मानते हैं।

पूर्वोक्त श स ७८८ के लेख के अनुसार अमोघवर्ष का राज्यारोहण समय श स ७३६ (वि० स ८७१=ई स ८१५) के करीब आता है।

गुणभद्रसार कृत 'उत्तरपुराण' (महापुराण के उत्तरार्ध) में लिखा है —

'यस्य प्रांशुनखांशुजालविसरद्धारान्तराविर्भव-
त्पादाम्भोजरज पिशङ्गमुकुटप्रत्यग्ररत्नद्युति ।
संस्मर्ता स्वममोघवर्षनृपति पूतोऽहमद्येत्यल
स श्रीमाञ्जिनसेनपूज्यभगवत्पादो जगन्मङ्गलम् ॥"

अर्थात्—यह जिनसेनाचार्य, जिनको प्रणाम करने से राजा अमोघवर्ष अपने को पवित्र समझता है, जगत् के मगलरूप हैं।

इससे ज्ञान होता है कि, यह राजा दिगम्बर जैनमत का अनुयायी, और जिनसेन का शिष्य था। जिनसेन रचित 'पार्श्वाभ्युदय काव्य' से भी इस बात की पुष्टि होती है। इसी जिनसेन ने 'आदिपुराण' (महापुराण के पूर्वार्ध) की रचना की थी। महावीराचार्य रचित 'गणितसारसग्रह' नामक गणित के ग्रथ की भूमिका में भी अमोघवर्ष को जैनमतानुयायी लिखा है।

दिगम्बर जैन सम्प्रदाय की 'जयधवला' नामक सिद्धान्त टीका भी, श स ७५९ (वि स ८९४=ई स ८३७) में, इसीके राज्य समय लिखी गयी थी।

---

(१) एपिग्राफिया इण्डिका भाग ३, पृ० १७६

(२) 'पार्श्वाभ्युदय' और आदिपुराण का कर्ता जिनसेन सेन सघका था, और 'हरिवश-पुराण' (श स ७०५) का कर्ता जिनसेन पुन्नाट सघ का (आचार्य) था।

(३) इत्यमोघवर्षपरमेश्वरपरमगुरुश्रीजिनसेनाचार्यविरचितमेघदूतवेष्टितवेष्टिते पार्श्वाभ्युदये भगवत्कैवल्यवर्णनं नाम चतुर्थः सर्गः ।

दिगम्बर जैनाचार्यों के मतानुसार अमोघवर्ष ने, वृद्धावस्था में वैराग्य के कारण राज्य छोड़ देने पर, 'प्रश्नोत्तररत्नमालिका' नामक पुस्तक लिखी थी। परंतु ब्राह्मण लोग इसे शङ्कराचार्य की लिखी, और श्वेताम्बर जैन इसे विमलाचार्य की बनायी मानते हैं। दिगम्बर-जैन-भंडारों से मिली इस पुस्तक की प्रतियों में निम्नलिखित श्लोक मिलता है:—

"विवेकात्त्यक्तराज्येन राज्ञेयं रत्नमालिका।
रचितामोघवर्षेण सुधियां सदलंकृतिः ॥"

अर्थात्—ज्ञानोदय के कारण राज्य छोड देनेवाले राजा अमोघवर्ष ने यह 'रत्नमालिका' नामकी पुस्तक लिखी।

इससे जाना जाता है कि, यह राजा वृद्धवस्था में राज्य का भार अपने पुत्र को सौंप धार्मिक कार्यों में लग गया था।

इस 'रत्नमालिका' का अनुवाद तिब्बती भाषा में भी किया गया था, और उसमें भी इसे अमोघवर्ष की बनायी ही लिखा है।

अमोघवर्ष के राज्य-काल के आसपास और भी अनेक जैनग्रंथ लिखेगये थे, और इस मत का प्रचार बढ़ने लगा था।

बंकेयरस का, बिना संवत् का, एक लेख मिला है। इससे ज्ञात होता है कि, यह बंकेयरस अमोघवर्ष का सामन्त और बनवासी, बेलगलि, कुण्डरगे, कुण्डूर, और पुरीगेडे (लक्ष्मेश्वर) आदि प्रदेशों का शासक था।

क्यासनूर से मिले, बिना संवत के, लेख से प्रकट होता है, कि, अमोघवर्ष का सामन्त सङ्कगण्ड बनवासी का अधिकारी था

(१) मद्रास की, गवर्नमेन्ट् ओरियण्टल मैन्युस्क्रिप्ट् लाइब्रेरी का 'प्रश्नोत्तरमाला' की कापी में भी इसे शङ्कराचार्य की बनायी ही लिखा है। (कुप्पुस्वामी द्वारा सम्पादित सूची, भा० २, खण्ड १, 'सी,' पृ० २६४०–२६४१

(२) अमोघवर्ष के एक पुत्र का नाम कृष्णराज, और दूसरे का दुन्दुभ था। (स्मिथकी 'अर्लीहिस्ट्री ऑफ इण्डिया, पृ० ४४८, फुटनोट १)

(३) एपिग्राफिया इण्डिका, भाग ७, पृ० २१२

(४) साउथइण्डियन इन्स्क्रिप्शन्स, भा० २, नं० ७६, पृ० १८२

गंगवंशी राजा शिवमार का पुत्र पृथ्वीपति प्रथम भी अमोघवर्ष का समकालीन था।

'कविराजमार्ग' नामकी, कनाड़ी भाषा में लिखी, अलङ्कार की पुस्तक भी अमोघवर्ष की बनायी मानी जाती है।

१२ कृष्णराज द्वितीय

यह अमोघवर्ष का पुत्र था, और उसके जीतेजी ही राज्य का अधिकारी बनादिया गया था।

इसके समय के चार लेख, और दो ताम्रपत्र मिले हैं।

इनमें का पहला ताम्रपत्र[1] बगुम्रा (बड़ोदाराज्य) से मिला है। यह श. स. ८१० (वि. स. ९४५=ई. स. ८८८) का है। इसमें गुजरात के महासामन्ताधिपति अकालवर्ष कृष्णराज के दिये दान का उल्लेख है। परन्तु ऐतिहासिक इसे अप्रामाणिक मानते हैं।

इसके समय का पहला, नदवाडिगे (बीजापुर) से मिला, लेख[2] श. स. ८२२ (वि. स. ९५७=ई. स. ९००) का है। परन्तु वास्तव में उसका सम्वत् श. स. ८२४ (वि. स. ९५९=ई. स. ९०२) मानाजाता है[3]। दूसरा, इसी सम्वत् (श. स. ८२२) का, लेख[4] अरदेशहल्ली से मिला है।

तीसरा, मुलगुण्ड (धारवाड़ जिले) से मिला, लेख[5] श. स. ८२४ (वि. स. ९५९=ई. स. ९०२) का है।

इसके समय का दूसरा ताम्रपत्र[6] श. स. ८३२ (वि. स ९६७=ई. स. ९१०) का है। यह कपडवज (खेडाजिले) से मिला है। इस में कृष्ण

(१) सी० माबेलडफ् की क्रॉनॉलॉजी ऑफ इण्डिया, पृ० ७१
(२) इण्डियन ऐण्टिक्केरी, भाग १३, पृ. ६५-६६
(३) ऐपिग्राफिया कर्नाटिका, भा० ६ पृ० ६८, इण्डियन ऐण्टिक्वेरी, भा. १२, पृ० २२१
(४) इण्डियन ऐण्टिक्वेरी, भा० १२, पृ. २२०।
(५) ऐपिग्राफिया कर्नाटिका, भा० ६, न० ४२, पृ० ६८
(६) जर्नल बाम्बे ब्रांच रॉयल एशियाटिक सोसाइटी, भा० १०, पृ० १९०
(७) ऐपिग्राफिया इण्डिका, भा० १, पृ० ५३

प्रथम से कृष्ण द्वितीय तक की वंशावली देकर कृष्ण द्वितीय द्वारा दिये गाँव के दान का उल्लेख किया गया है। इसी में इसके महासामन्त नन्दन्न वंशी प्रचण्ड का नाम भी लिखा है, जिसके अधिकार में ७५० गाँव थे, और इन में खेटक, हर्षपुर, और कासहृद मुख्य समझे जाते थे।

चौथा, एहोले (बीजापुर) से मिला, लेख श स ८३१ (वि स ९६६=ई. स ९०९) का है। इसका वास्तविक समय श स ८३३ (वि स ९६८=ई स ९१२) माना जाता है।

कृष्णराज द्वितीय की आगे लिखी उपाधियां मिली हैं - अकालवर्ष, शुभतुङ्ग, महाराजाधिराज, परमेश्वर, परमभट्टारक, श्रीपृथ्वीवल्लभ, और वल्लभराज।

किसी किसी स्थान पर इसके नाम के साथ "वल्लभ" भी जुड़ा मिलता है, जैसे—कृष्णवल्लभ। इसके नाम का कनाड़ी रूप "कन्नर" पाया जाता है।

इसने चेदि के हैहयवंशी राजा कोक्कल की कन्या महादेवी से विवाह किया था, जो शंकुक की छोटी बहन थी। कोक्कल प्रथम त्रिपुरी (तेवर) का राजा था।

कृष्णराज (द्वितीय) के समय भी पूर्वी चालुक्यों के साथ का युद्ध जारी था।

---

(१) कृष्णराज ने प्रचण्ड के पिता की सेवा से प्रसन्न होकर उसे (प्रचण्ड के पिता को) गुजरात में जागीर दी थी।

(२) इण्डियन एण्टिक्वेरी भाग १२, पृ २२२

(३) भारत के प्राचीन राजवंश भाग १, पृ ४०

(४) वेंगि देश के राजा चालुक्य भीम द्वितीय के ताम्रपत्र में लिखा है

'तत्सूनुर्म्मंगिहननकृष्णपुरदहन विख्यातकीर्तिर्गुणगविजयादित्यश्चतुश्चत्वारिंशतम्'

अर्थात्—मंगि को मारने, और कृष्णराज द्वितीय के नगर को जलाने वाले (विष्णुवर्धन पंचम के पुत्र गुणगवंशी) विजयादित्य तृतीय ने ४४ वर्ष तक राज्य किया। इसके बाद सम्भवतः उसके राज्य पर राष्ट्रकूटों का अधिकार हो गया। परन्तु बाद में विजयादित्य के भतीजे भीम प्रथम ने उस पर फिर कब्जा कर लिया। (इण्डियन ऐण्टिक्वेरी भा. १३, पृ. २१३)

कृष्णराज द्वितीय के महासामन्त पृथ्वीराम का, श. सं. ७९७ (वि. सं. ९३२ =ई. स. ८७५) का, एक लेख[1] मिला है। इस पृथ्वीराम ने सोन्दत्ति के एक जैन मन्दिर के लिए कुछ भूमि दान दी थी। इस लेख से ज्ञात होता है कि, श. स. ७९७ (वि. स. ९३२=ई० स० ८७५) में कृष्णराज द्वितीय राज्य का स्वामी होचुका था। परन्तु इसके पिता अमोघवर्ष प्रथम के समय का श. स. ७९९ (वि. सं. ९३४=ई. स. ८७७) का लेख मिलने से प्रकट होता है कि, उसने अपने जीते जी ही, श. सं. ७९७ (वि. सं. ९३२) में या इससे पूर्व, अपने पुत्र इस कृष्ण को राज्य-भार सौंप दिया था। इसीसे कुछ सामन्तों ने, अमोघवर्ष की जीवितावस्था में ही, अपने लेखों में कृष्णराज का नाम लिखना प्रारम्भ करदिया था। (हम अमोघवर्ष के इतिहास में भी उसका बुढ़ापे में राज्य छोड़देने के बाद 'प्रश्नोत्तररत्नमालिका' नामक पुस्तक बनाना लिखचुके हैं। इस से भी इस बात की पुष्टि होती है।)

कृष्णराज द्वितीय ने आंध्र, वङ्ग, कलिङ्ग, और मगध के राज्यों पर विजय प्राप्त की थी; गुर्जर, और गौड के राजाओं से युद्ध किया था; और लाटदेश के राष्ट्रकूट-राज्य को छीनकर अपने राज्य में मिला लिया था। इसका राज्य कन्या-कुमारी से गंगा के तट तक पहुँच गया था।

आचार्य जिनसेन के शिष्य गुणभद्र ने 'महापुराण' का अन्तिमभाग लिखा था। उसमें लिखा है:-

"अकालवर्षभूपाले पालयत्यखिलामिलाम्।

— — — — — — —

शकनृपकालाभ्यन्तरविंशत्यधिकाष्टशतमिताब्दान्ते।"

अर्थात्-अकालवर्ष के राज्य समय श. स. ८२० (वि. स. ९५५=ई. स. ८९८) में 'उत्तरपुराण' समाप्त हुआ।

इस से जाना जाता है कि, यह पुराण कृष्णराज द्वितीय के समय ही समाप्त हुआ था।

---

(१) जर्नल बॉम्बे रॉयल एशियाटिक सोसाइटी, भा. १०, पृ. १९४

कृष्णराज का राज्यारोहण श. सं. ७९७ (वि. सं. ९३२=ई. स. ८७५) के करीब अनुमान किया जाता है। परन्तु मिस्टर वी. ए. स्मिथ इस घटना का समय ई. स. ८८० (वि. सं ९३७) मानते हैं। इसका देहान्त श. स. ८३३ (वि. सं. ९६८=ई. स. ९११) के निकट हुआ होगा।

कृष्णराज द्वितीय के पुत्र का नाम जगत्तुङ्ग द्वितीय था। उसका विवाह, चेदिके कलचुरी (हैहयवंशी) राजा कोकल के पुत्र, रणविग्रह (शङ्करगण) की कन्या लक्ष्मी से हुआ था।

जिस प्रकार अर्जुन का विवाह अपने मामू वसुदेव की कन्या से, प्रद्युम्न का रुक्म की पुत्री से, और अनिरुद्ध का रुक्म की पौत्री से हुआ था, उसी प्रकार दक्षिण के राष्ट्रकूट नरेश कृष्णराज, जगत्तुङ्ग आदि का विवाह अपने मामुओं की लड़कियों के साथ हुआ था। यह प्रथा दक्षिण में अबतक भी प्रचलित है। परन्तु उत्तर में त्याज्य समझी जाती है।

वर्धा से मिले दानपत्र से प्रकट होता है कि, यह जगत्तुङ्ग अपने पिता (कृष्ण द्वितीय) के जीतेजी ही मरगया था, इसीसे कृष्णराज के पीछे जगत्तुङ्ग का पुत्र इन्द्र राज्य का स्वामी हुआ।

करडा के दानपत्र में जगत्तुङ्ग द्वितीय का शङ्करगण की कन्या लक्ष्मी से विवाह करना लिखा है। परन्तु उसी से इसका शङ्करगण की दूसरी कन्या गोविन्दाम्बा से विवाह करना भी प्रकट होता है। इसी गोविन्दाम्बा से अमोघवर्ष तृतीय (वद्दिग) का जन्म हुआ था। शायद यह इन्द्रराज का छोटा भाई हो।

---

(१) कृष्णराज की कन्या का विवाह चालुक्य (सोलङ्की) भीम के पुत्र अय्यण से हुआ था। इसीका पौत्र तैलप द्वितीय था। (इण्डियन ऐण्टिक्वेरी, भा. १६ पृ. १८)

(२) "अभूज्जगत्तुङ्ग इति प्रसिद्धस्तस्याङ्गजः श्रीनयनाभिरामः।
अलब्धराज्यः स दिवं विनिन्ये दिव्याङ्गनाप्रार्थनयेव धात्रा।"
अर्थात्—कृष्णराज का पुत्र जगत्तुङ्ग बाल्यावस्था में ही मरगया।
यही बात साङ्गली, और नवसारी के ताम्रपत्रों से भी प्रकट होती है।

(३) शायद शङ्करगण की उपाधि रणविग्रह थी।

(४) करडा से मिले ताम्रपत्र में लिखा है:—
"चेद्यां मातुलशंकरगणात्मजायामभूज्जगत्तुंगात्।
श्रीमानमोघवर्षो गोविन्दाम्बाभिधानायाम्॥"

(इस ताम्रपत्र से यह भी ज्ञात होता है कि, जगत्तुङ्ग ने कई प्रदेशों को जीत कर पिता के राज्य की वृद्धि की थी। परन्तु इस ताम्रपत्र में दिये पिछले इतिहास में बड़ी गड़बड़ है।)

१३ इन्द्रराज तृतीय

यह जगत्तुङ्ग द्वितीय का पुत्र था, और पिता के कुमारावस्था में मरजाने के कारण ही अपने दादा कृष्णराज द्वितीय का उत्तराधिकारी हुआ। इसकी माता का नाम लक्ष्मी था। इन्द्रराज तृतीय का विवाह कलचुरी (हैहय कोक्कल के पौत्र) अर्जुन के पुत्र अम्मणदेव (अनङ्गदेव) की कन्या वीजाम्बा से हुआ था। इसकी आगे लिखी उपाधियां मिलती हैं:—

नित्यवर्ष, महाराजाधिराज, परमेश्वर, परमभट्टारक, और श्रीपृथिवीवल्लभ।

बगुम्रा से इसके समय के दो ताम्रपत्र मिले हैं। ये दोनों श. सं. ८३६ (वि. सं. ९७२=ई. स. ९१५) के हैं। इनसे प्रकट होता है कि, इसने मान्यखेट से कुरुन्दक नामक स्थान में जाकर अपना "राज्याभिषेकोत्सव" किया था, और श. सं. ८३६ की फाल्गुन शुक्ल ७ (२४ फरवरी सन् ९१५) को उस कार्य के पूर्ण होजाने पर सुवर्ण का तुलादान कर लाट देश में का एक गाँव दान दिया था। (यह कुरुन्दक कृष्णा और पञ्चगंगा नदियों के संगम पर था।) इसके साथ ही इसने अगले राजाओं के दिये वे ४०० गाँव, जो जब्त हो चुके थे, वीस लाख द्रम्मों सहित फिर दान करदिये थे।

---

(१) ऐपिग्राफिया इण्डिका, भा० ९ पृ० २९, जर्नल बॉम्बे एशियाटिक सोसाइटी, भा० १८, पृ० २५७ और २६१

(२) मि. विन्सेंटस्मिथ इन्द्र तृतीय का राज्यारोहण ई. स. ९१२ में लिखते हैं। नहीं कह सकते कि, यह कहां तक ठीक है! क्योंकि इसी ताम्रपत्र में लिखा है:—

"शाकनृपकालातीतसंवत्सर [शते] ष्वष्टसु षट्त्रिंशदुत्तरेषु
युवसंवत्सरे फाल्गुनशुद्धसप्तम्यां संपन्ने श्रीपट्ट (ब) न्धोत्सवे।"

इससे इस घटना का ई० स० ९१५ में होना सिद्ध होता है।

उपर्युक्त दोनों दानपत्रों में राष्ट्रकूटों का सात्यकि के वंश में होना, और इस इन्द्रराज का मेरु को उजाड़ना लिखा है। यहां पर मेरु से महोदय (कन्नौज) का ही तात्पर्य होगा; क्योंकि इसके पुत्र गोविंद चतुर्थ के, श. सं. ८५२ के, दानपत्र से भी प्रकट होता है कि, इसने अपने रिसाले के साथ यमुना को पारकर कन्नोज को उजाड़ दिया था, और इसी से उसका नाम "कुशस्थल" होगया था।

हत्तिमत्तूर (धारवाड जिले) से, श. सं ८३८ (वि सं ९७३=ई स ९१६) का, एक लेख[1] मिला है। इस में इस (इन्द्रराज तृतीय) के महासामन्त लेण्डेयरस का उल्लेख है।

जिस समय इन्द्रराज तृतीयने मेरु (महोदय=कन्नौज) को उजाड़ा था, उस समय वहां पर पड़िहार राजा महीपाल का राज्य था। यद्यपि इन्द्रराज ने वहां पहुँच उसका राज्य छीन लिया, तथापि वह (महीपाल) फिर कन्नौज का स्वामी बन बैठा। परन्तु इस गड़बड़ में उस (पांचालदेश के राजा महीपाल) के हाथ से राज्य के सोराष्ट्र आदि पश्चिमी प्रदेश निकल गये।

'दमयन्तीकथा' और 'मदालसा चम्पू' का लेखक त्रिविक्रम भट्ट भी इन्द्रराज तृतीय के समय हुआ था, और श सं ८३६ (वि सं. ९७२) का कुरुन्दक से मिला दानपत्र भी इसी त्रिविक्रम भट्टने लिखा था। इसके पिता का नाम नेमादित्य और पुत्र का नाम भास्कर भट्ट था। यह भास्करभट्ट मालवा के परमार राजा भोज का समकालीन था, और इसी की पांचवीं पीढ़ी में 'सिद्धांतशिरोमणि' का कर्त्ता प्रसिद्ध ज्योतिषी भास्कराचार्य हुआ था।

इन्द्रराज तृतीय के दो पुत्र थे – अमोघवर्ष, और गोविन्दराज।

१४ अमोघवर्ष द्वितीय

यह इन्द्रराज तृतीय का बड़ा पुत्र था, और सम्भवतः उसके पीछे राज्य का अधिकारी हुआ।

(१) इण्डियन ऐण्टिक्वेरी, भा० १२, पृ० २२४

शिलारवंशी महामण्डलेश्वर अपराजित देवराज का, श. स. ९१९ (वि. स. १०५४=ई. स. ९९७) का, एक ताम्रपत्र[1] मिला है। इस से ज्ञात होता है कि, यह (अमोघवर्ष) राज्य पर बैठने के थोड़े समय बाद ही मरगया था। इसलिए यदि इसने राज्य किया होगा तो अधिक से अधिक एक वर्ष के करीब ही किया होगा। इसका राज्यारोहण काल वि. स. ९७३ (ई. स. ९१६) के करीब होना चाहिए।

देओली से मिले, श. स. ८६२ (ई. स. ९४०) के ताम्रपत्र से[2] भी अमोघवर्ष द्वितीय का इन्द्रराज तृतीय के पीछे गद्दीपर बैठना प्रकट होता है।

१५ गोविन्दराज चतुर्थ

यह इन्द्रराज तृतीय का पुत्र, और अमोघवर्ष द्वितीय का छोटा भाई था। इसके नाम का प्राकृत रूप "गोज्जिग" मिलता है। इसकी उपाधियाँ ये थीं— प्रभूतवर्ष, सुवर्णवर्ष, नृपतुङ्ग, वीरनारायण, नित्यकन्दर्प, रट्टकन्दर्प, शशाङ्क, नृपतित्रिनेत्र, महाराजाधिराज, परमेश्वर, परमभट्टारक, साहसाङ्क, पृथिवीवल्लभ, वल्लभनरेन्द्रदेव, विक्रान्तनारायण, और गोज्जिगवल्लभ आदि।

इसके समय वेङ्गि के पूर्वी-चालुक्यों के साथ का झगड़ा फिर छिड़गया था। अम्म प्रथम, और भीम तृतीय के लेखो से भी इस बात की पुष्टि होती है।[3]

---

(१) ऐपिग्राफिया इण्डिका, भा० ३, पृ० २७१

(२) ऐपिग्राफिया इण्डिका, भा० ५, पृ० १९२

(३) चालुक्यों के ताम्रपत्रों में भीम तृतीय के विषय में लिखा है—

> "हत्वा गोविन्दराजप्रथितबलमधिक चोलप लोलविक्किं
> विक्रान्त युद्धमल्ल घटितगजघटं सनिहत्यैक एव।"

अर्थात्–भीमने, अकेले ही, गोविन्दराज की सेना को, चोलवंशी लोलविक्कि को, और हाथियों की सेनावाले युद्धमल्ल को मारकर ‥ ‥।

इस से ज्ञात होता है कि, गोविन्द चतुर्थ ने भीम पर चढ़ायी की थी। परन्तु उसमें उसे सफलता नहीं हुई।

इस (गोविन्द चतुर्थ) ने अम्म प्रथम के राज्याभिषेक के समय उस पर भी चढ़ायी की थी। परन्तु उसमें भी इसे असफल होना पड़ा।

गोविंद चतुर्थ के समय के दो लेख, और दो ताम्रपत्र मिले हैं। इन में का पहला श स ८४० (वि स ९७५=ई स ९१८) का लेख डगडपुर (धारवाड जिले) से मिला है, और दूसरा श स ८५१ (वि स ९८७=ई स ९३०) का है।

इसके ताम्रपत्रों में से पहला श स ८५२ (वि स ९८७=ई स ९३०) का है। इसमें इसको महाराजाधिराज इन्द्रराज तृतीय का उत्तराधिकारी, और यदुवंशी लिखा है। दूसरा श स ८५५ (वि स ९९०=ई स ९३३) का है। यह साम्गली से मिला है। इसमें भी पहले ताम्रपत्र के समान ही इसके वंश आदि का उल्लेख है।

देओली (वरधा) के ताम्रपत्र से प्रकट होता है कि, यह राजा (गोविन्द चतुर्थ), अधिक विषयासक्त होने के कारण, शीघ्रही मरगया था। इसका राज्यारोहण-काल वि स ९७४ (ई स ९१७) के निकट था।

---

(१) इण्डियन ऐण्टिक्वेरी, भा० १२, पृ० २२३

(२) इण्डियन ऐण्टिक्वेरी, भा० १२, पृ० २२१ (नं० ४८)

(३) एपिग्राफिआ इण्डिका, भा० ७, पृ० ३६

(४) इण्डियन ऐण्टिक्वेरी, भा० १२, पृ० २४९

(५) साम्गली से मिले, श० स० ८५५ (वि० स० ९९० ई० स० ९३३) के ताम्रपत्र में लिखा है

"सामर्थ्ये सति निन्दिता प्रविहिता नैवाग्रजे क्रूरता
बन्धुस्त्रीगमनादिभि कुचरितैरावर्जितं नायश ।
शौचाशौचपराङ्मुखं न च भिया पैशाच्यमङ्गीकृतं
त्यागेनासमसाहसैश्च भुवने य साहसाङ्कोऽभवत्" ॥

अर्थात्—गोविन्दराज ने अपने बड़े भाई के साथ बुराई नहीं की कुटुम्ब की स्त्रियों के साथ व्यभिचार नहीं किया और किसी पर भी किसी प्रकार की क्रूरता नहीं की। यह केवल अपने त्याग और साहस से ही साहसाङ्क के नाम से प्रसिद्ध हुआ था।

इससे अनुमान होता है कि शायद इसके जीतेजी इसके विरोधियोंने इस पर ये दोष लगाये होंगे, और उन्हीं के खण्डन के लिए इसे, अपने ताम्रपत्र में, ये बातें लिखवानी पड़ी होंगी।

१६ अमोघवर्ष तृतीय (बद्दिग)

यह कृष्णराज द्वितीय का पौत्र, और जगत्तुङ्ग द्वितीय का (गोविन्दाम्बा के गर्भ से उत्पन्न हुआ) पुत्र था; और गोविन्द चतुर्थ के, विषयासक्ति के कारण, असमय में ही मरजाने पर उसका उत्तराधिकारी हुआ।

राष्ट्रकूट राजा कृष्णराज तृतीय के देओली (वरधा) से मिले, श. स. ८६२ (वि. स. ६६७=ई. स. ६४०) के,[1] ताम्रपत्र में लिखा है –

"राज्यं दधे मदनसौख्यविलासकन्दो-
गोविन्दराज इति विश्रुतनामधेयः ॥ १७ ॥
सोप्यङ्गनानयनपाशनिरुद्धबुद्धि-
रुन्मार्गसंगविमुखीकृतसर्व्वसत्त्वः ।
दोषप्रकोपविषमप्रकृतिश्लथांगः
प्रापत्क्षयं सहजतेजसि जातजाड्ये ॥
सामन्तैरथ रट्टराज्यमहिमालम्बार्थमभ्यर्थितो
देवेनापि पिनाकिना हरिकुलोल्लासैषिणा प्रेरितः ।
अध्यास्त प्रथमो विवेकिषु जगत्तुंगात्मजोमोघवा
र्षपीयूषपयोधिरमोघवर्षनृपतिः श्रीवीरसिंहासनम् ॥ १९ ॥"

अर्थात्–अमोघवर्ष द्वितीय के पीछे गोविन्दराज चतुर्थ राज्य का स्वामी हुआ। परन्तु जब काम-विलास में अत्यधिक आसक्त होने के कारण वह शीघ्र ही मरगया, तब उसके सामन्तों ने, रट्ट राज्य की रक्षा के लिए, जगत्तुङ्ग के पुत्र अमोघवर्ष से राज्यभार ग्रहण करने की प्रार्थना की, और उसे गद्दीपर बिठाया।

अमोघवर्ष तृतीय (बद्दिग) की निम्नलिखित उपाधियाँ मिलती है –

श्रीपृथिवीवल्लभ, महाराजाधिराज, परमेश्वर, परमभट्टारक आदि।

यह राजा बुद्धिमान्, वीर, और शिवभक्त था। इसका विवाह कलचुरि (हैहय वंशी) नरेश युवराज प्रथम की कन्या कुन्दकदेवी से हुआ था।[2] यह युवराज त्रिपुरी (तेवर) का राजा था।

---

(१) जर्नल बौंबे ब्राच रायल एशियाटिक सोसाइटी, भा० १८, पृ० २५१, और ऐपिग्राफिया इण्डिका, भा० ५, पृ० १९२

(२) भारत के प्राचीन राजवंश, भाग १, पृ० ४२

हेब्बाल से मिले लेखे से पता चलता है कि, बद्दिग (अमोघवर्ष तृतीय) की कन्या का विवाह पश्चिमी गङ्ग-वंशी राजा सत्यवाक्य कोंगुणिवर्म पेरमानडि भूतुग द्वितीय से हुआ था, और उसे दहेज में बहुतसा प्रदेश दिया गया था।

बद्दिग का राज्याभिषेक वि. सं ९९२ (ई. स ९३५) के निकट हुआ होगा।

इसके ४ पुत्र थे—कृष्णराज, जगत्तुङ्ग, खोट्टिग, और निरुपम। बद्दिग की कन्या का नाम रेवकनिम्मडि था, और यह कृष्णराज तृतीय की बड़ी बहन थी।

१७ कृष्णराज तृतीय

यह बद्दिग (अमोघवर्ष तृतीय) का बड़ा पुत्र था, और उसके पीछे गद्दीपर बैठा। इसके नाम का प्राकृतरूप "कन्नर" लिखा मिलता है। इसकी आगे लिखी उपाधिया थीं—

अकालवर्ष, महाराजाधिराज, परमेश्वर, परममाहेश्वर, परमभट्टारक, पृथ्वीवल्लभ, श्रीपृथ्वीवल्लभ, समस्तभुवनाश्रय, कन्धारपुरवराधीश्वर आदि।

आतकूर से मिले लेखे से पता चलता है कि, कृष्णराज तृतीय ने, वि. सं १००६–७ (ई. स ९४९–५०) के करीब, तक्कोल नामक स्थान पर, चोल-वंशी राजा राजादित्य (मूवडि चोल) को युद्ध में मारा था। परन्तु वास्तव में इस चोल राजा को धोका देकर मारनेवाला पश्चिमी गङ्गवंशी राजा सत्यवाक्य कोंगुणिवर्मा पेरमानडि भूतुग ही था, और इसी से प्रसन्न होकर कृष्णराज तृतीय ने उसे बनवासी आदि प्रदेश दिये थ।

तिरुक्कलुक्कुण्ड्रम् से मिले लेखे में कृष्णराज तृतीय का काञ्ची, और तंजोर पर अधिकार करना लिखा है।

---

(१) एपिग्राफिया इण्डिका, भाग ४, पृ० ३५१

(२) एपिग्राफिया इण्डिका, भा० २, पृ० १७१। राजादित्य की मृत्यु का समय वि० सं० १००६ (ई० स० ९४९) अनुमान किया जाता है।

(३) एपिग्राफिया इण्डिका, भाग ३, पृ० २८४

देओली से मिली प्रशस्ति से प्रकट होता है कि, कृष्ण तृतीय ने कांची के राजा दन्तिग और वप्पुक को मारा, पल्लव वंशी राजा अन्तिग को हराया, गुर्जरों के आक्रमण से मध्यभारत के कलचुरियों की रक्षा की, और इसी प्रकार और भी अनेक शत्रुओं को जीता। हिमालय से लङ्का तक के, और पूर्वी समुद्र से पश्चिमी समुद्र तक के सामन्त राजा इसकी आज्ञा में रहते थे। इसने अपने छोटे भाई जगत्तुङ्ग की सेवाओं का विचार कर, उसकी स्मृति में, एक गाव दान दिया था। इस राजा का प्रताप युवराज अवस्था में ही खूब फैलगया था।

लक्ष्मेश्वर से मिली, श. स. ८९० (ई. स. ९६८-९) की, प्रशस्ति में लिखा है कि, मारसिंह द्वितीय ने इसी (कृष्ण तृतीय) की आज्ञा से गुर्जर राजा को जीता था। यह (कृष्ण) स्वयं चोल-वंशी राजाओं के लिए कालरूप था।

क्यामनूर और धारवाड़ से मिले लेखों से पता चलता है कि, इसका महासामन्त चेल्लकेतन-वंशी कलिविट्ट वि. स. १००२-३ (ई. स. ९४५-४६) में वनवासी प्रदेश का शासक थाँ।

सौन्दत्ति के रट्टों के एक लेख में लिखा है कि, कृष्ण तृतीय ने पृथ्वीराम को महासामन्त के पद पर प्रतिष्ठित कर सौन्दत्ति के रट्ट-वंश को उन्नत किया था। सेउण प्रदेश का यादववंशी वन्दिग (वदिग) भी इस (कृष्ण तृतीय) का सामन्त था।

इसके समय के करीब १६ लेख, और २ ताम्रपत्र मिले है। इनमें के ७ लेखों और २ ताम्रपत्रो में शक संवत् लिखे है, और ८ लेखो में इसके राज्यवर्ष दिये है। उनका विवरण आगे दिया जाता है—

---

(१) इण्डियन ऐण्टिक्केरी भा० ५, पृ० १९२

(२) ये गुर्जर शायद अनहिलवाड़े के चालुक्यवंशी राजा मूलराज के अनुयायी थे जिन्होंने कालिंजर और चित्रकूट पर अधिकार करने का इरादा किया था।

(३) इण्डियन ऐण्टिक्केरी, भा० ७, पृ० १०४

(४) बॉम्बे गजेटियर भा० १, खण्ड २, पृ० ४२०

(५) बॉम्बे गजेटियर, भा० १, खण्ड २, पृ० ५५२

पहला, देवली से मिला, ताम्रपत्र श. सं. ८६२ (वि. स. ९९७=ई. स. ९४०) का है। इस में जिस दान का उल्लेख है, वह इस (कृष्ण तृतीय) ने अपने मृत-भ्राता जगत्तुङ्ग की यादगार में दिया था।

पहला, साल्तोटगी (बीजापुर) से मिला, लेख[2] श. सं. ८६७ (वि. सं. १००२=ई. स. ९४५) का है। इसमें इसके मंत्री नारायण द्वारा स्थापित पाठशाला का उल्लेख है। उसमें अनेक देशों के विद्यार्थी आकर विद्याध्ययन किया करते थे।

दूसरा, शोलापुर से मिला, लेख श. सं. ८७१[3] (वि. सं. १००६=ई. स. ९४९) का है। इसमें इसको "चक्रवर्ती" लिखा है। तीसरा, आतकूर (माइसोर) से मिला, लेख श. सं. ८७२ (वि. सं. १००७=ई. स. ९५०) का है। इससे प्रकट होता है कि, कृष्ण तृतीय ने, चोल-राज राजादित्य के मारने के उपरान्त में, पश्चिमी गङ्ग-वंशी राजा भूतुग द्वितीय को बनवासी आदि प्रदेश उपहार में दिये थे।

चौथा, सोरटूर (धारवाड) से मिला, लेख[5] श. सं. ८७३ (वि. सं. १००८=ई. स. ९५१) का है। और पाचवा, शोलापुर से मिला, लेख श. स. ८७५ (वि. स १०१४=ई. स. ९५७) का है।

छुठा, चिंचली से मिला, लेख[7] श. स. ८७६ (वि. सं. १०११=ई. स. ९५४) का है।

---

(१) ऐपिग्राफिया इण्डिका, भा० ५, पृ० १९०

(२) ऐपिग्राफिया इण्डिका, भा० ४, पृ० ६०

(३) ऐपिग्राफिया इण्डिका, भा० ७, पृ० १९४

(४) ऐपिग्राफिया इण्डिका, भा० २, पृ० १७१

(५) इण्डियन ऐण्टिक्वेरी, भा० १२, पृ० २५७

(६) ऐपिग्राफिया इण्डिका, भा० ७, पृ० १९६

(७) कीलहार्न्स लिस्ट ऑफ दि इन्स्क्रिपशन्स ऑफ सदर्न इण्डिया, नं० ९७

इसका दूसरा ताम्रपत्र श. सं. ८८० (वि. सं. १०१५=ई. स. ६५८) का है। यह करहाड से मिला है। इससे प्रकट होता है कि, इसने अपनी दक्षिण की विजय के समय चोलदेश को उजाड़ कर, पाण्ड्यदेश को विजय किया; सिंहल नरेश को अपने अधीन कर, उधर के मांडलिक राजाओं से कर वसूल किया; रामेश्वर में इस विजय का कीर्तिस्तम्भ स्थापन किया, और कालप्रियगण्ड-मार्तण्ड, और कृष्णेश्वर के मन्दिर बनवाने के लिए गाँव दान दिया।

इसका सातवां लेख शं. सं. ८८४ (वि. सं. १०१६=ई. स. ६६२) का है। यह देवीहोसूर से मिला है।

इसके समय के बिना संवत् के आठ लेख क्रमशः इसके सोलहवें, सत्रहवें, उन्नीसवें, इक्कीसवें, बाईसवें, चौबीसवें, और छब्बीसवें राज्य वर्ष के हैं। इनमें सत्रहवें राज्यवर्ष के दो लेख हैं। और, लक्ष्मेश्वर से मिले लेख में संवत् या राज्यवर्ष कुछ भी नहीं दिया है। ये सब तामील भाषा में लिखे हुए हैं।

इनमें भी इसको काञ्ची, और तञ्जई (तंजोर) का जीतनेवाला लिखा है। इसके छब्बीसवें राज्यवर्ष के लेख में; जिस वीरचोल का उल्लेख है, वह शायद गङ्गवंशी पृथ्वीपति द्वितीय होगा।

---

(१) ऐपिग्राफिया इण्डिका, भा० ४, पृ० २८१

(२) इसकी पुष्टि कृष्णराज के ... नामक गाँव से मिले लेख से भी होती है (ऐपिग्राफिया इण्डिका, भा० १६, पृ० २८७) इस घटना का समय वि० सं० १००४ (ई० स० ६४७) माना जाता है।

(३) कीलहार्न्स लिस्ट ऑफ दि इन्सक्रिपशन्स ऑफ सदर्न इण्डिया, नं० ६६

(४) साउथ इण्डियन इन्सक्रिपशन्स, भा० ३, नं० ७, पृ० १२

(५) ऐपिग्राफिया इण्डिका, भा० ७, पृ० १३५

(६) ऐपिग्राफिया इण्डिका, भा० ३, पृ० २८५.

(७) ऐपिग्राफिया इण्डिका, भा० ७, पृ० १४२

(८) ऐपिग्राफिया इण्डिका, भा० ७, पृ० १४३

(९) ऐपिग्राफिया इण्डिका, भा० ७, पृ० १४४

(१०) ऐपिग्राफिया इण्डिका, भा० ८, पृ० ८२

(११) ऐपिग्राफिया इण्डिका, भा० ३, पृ० २८४

(१२) उस समय काञ्ची में पल्लवों का, और तंजोर में चोलों का राज्य था।

कृष्णराज तृतीय अपने पिता को भी राज्य-कार्य में सहायता दिया करता था। इसने पश्चिमी गङ्ग-वंशी राचमल्ल प्रथम को गद्दी से हटाकर उसकी जगह, अपने बहनोई, भूतार्य (भूतुग द्वितीय) को गद्दी पर बिठाया था, और चेदि के कलचुरि (हैहय-वंशी) राजा सहस्रार्जुन को जीता था। यह सहस्रार्जुन इसकी माता, और स्त्री का रिश्तेदार था। इस (कृष्ण) की वीरता से गुजरातवाले भी डरते थे।

इसके २६ वें राज्य-वर्ष का लेख मिलने से सिद्ध होता है कि, इसने कमसे कम २६ वर्ष अवश्य ही राज्य किया था।

सोमदेवरचित 'यशस्तिलकचम्पू' इसी के समय, श. सं ८८१ (वि. स. १०१६ =ई. स. ६५६) में, समाप्त हुआ था। उसमें इसे (कृष्ण तृतीय को) चेर, चोल, पाण्ड्य, और सिंहल का जीतने वाला लिखा है। ('नीतिवाक्यामृत' नामक राजनैतिक ग्रंथ भी इसी सोमदेव ने बनाया था।)

कृष्णराज तृतीय के नाम के साथ लगी "परममाहेश्वर" उपाधि से इसका शिवभक्त होना प्रकट होता है। इसका राज्याभिषेक वि. सं. ६६६ (ई. स. ६३६) के करीब हुआ होगा। यह राजा बड़ा प्रतापी था, और इसका राज्य गङ्गा की सीमा को पार कर गया था।

कनाडी भाषा का प्रसिद्ध कवि पोन्न भी इसी के समय हुआ था। यह कवि जैन-मतानुयायी था, और इसने 'शान्तिपुराण' की रचना की थी। कृष्णराज तृतीय ने, इसकी विद्वत्ता से प्रसन्न होकर, इसे "उभयभाषाचक्रवर्ती" की उपाधि दी थी।

---

(१) तामिल भाषा के एक पिछले लेख से राचमल्ल का भी भूतुग के हाथ से मारा जाना प्रकट होता है।

(२) सोमदेव ने जिस समय उक्त पुस्तक बनायी थी, उस समय वह कृष्णराज तृतीय के सामन्त, चालुक्य अरिकेसरी के बड़े पुत्र, वद्दिग की राजधानी में था।

(३) जैनसाहित्य संशोधक, खण्ड २ अङ्क ३, पृ. १६.

महाकवि पुष्पदन्त भी कृष्णराज तृतीय के समय ही मान्यखेट में आया था, और वहीं पर उसने, मत्री भरत के आश्रय में रहकर, अपभ्रश भाषा के 'जैन-महापुराण' की रचना की थी। इस ग्रन्थ में मान्यखेट के लूटे जाने का वर्णन है। यह घटना वि. स. १०२९ (ई. स ९७२) में हुई थी। इससे ज्ञात होता है कि, पुष्पदन्त ने यह 'महापुराण' कृष्ण तृतीय के उत्तराधिकारी खोट्टिग के समय समाप्त किया था। इसी कवि ने 'यशोधरचरित' और 'नागकुमारचरित' भी लिखे थे। इन में भरत के पुत्र नन्न का उल्लेख है। इसलिए सम्भवत ये दोनों ग्रन्थ भी कृष्ण तृतीय के उत्तराधिकारियों के समय ही बने होंगे।

करजा के जैनपुस्तकभडार में की 'ज्वालामालिनीकल्प'[1] नामक पुस्तक के अन्त में लिखा है –

"अष्टाशतसैकषष्टिप्रमाणशकवत्सरेष्वतीतेषु ।
श्रीमान्यखेटकटके पर्वण्यक्षयतृतीयायाम् ॥
शतदलसहितचतुश्शतपरिणामग्रन्थरचनयायुक्तम् ।
श्रीकृष्णराजराज्ये समाप्तमेतन्मत देव्या ॥"

अर्थात्-यह पुस्तक श. स. ८६१ में कृष्णराज के राज्य समय समाप्त हुई।

इससे श. स ८६१ (वि. स ९९६=ई. स. ९३९) तक कृष्णराज का ही राज्य होना पाया जाता है।

१८ खोट्टिग

यह अमोघवर्ष तृतीय का पुत्र, और कृष्णराज तृतीय का छोटा भाई था। तथा कृष्णराज के मरने पर उसका उत्तराधिकारी हुआ।

करडा (खानदेश) से मिले, श स. ८९४ के, ताम्रपत्र में लिखा है[2] -

"स्वर्गमधिरूढे च ज्येष्ठे भ्रातरि श्रीकृष्णराजदेवे—
युवराजदेवदुहितरि कुन्दकदेव्याममोघवर्षनृपाज्जात. ।
खोट्टिगदेवो नृपतिरभूद्भुवनविख्यात ॥ १६ ॥"

---

(१) जैनसाहित्य सशोधक, खण्ड २ अङ्क. ३, पृ १४५-१५६

(२) इण्डियन ऐण्टिक्वेरी, भा १२, पृ २६४

अर्थात्–बड़े भाई कृष्णराजदेव के मरने पर, युवराजदेव की कन्या कुन्दकदेवी के गर्भ और अमोघवर्ष के औरस से उत्पन्न हुआ, खोट्टिगदेव गद्दी पर बैठा।

यद्यपि जगत्तुङ्ग खोट्टिग का बड़ा भाई था, तथापि उसके कृष्णराज तृतीय के समय में ही मरजाने से यह राज्य का अधिकारी हुआ।

खोट्टिग की ये उपाधियां मिलती हैं–नित्यवर्ष, रट्टकन्दर्प, महाराजाधिराज परमेश्वर, परमभट्टारक, श्रीपृथ्वीवल्लभ आदि।

इसके समय का, श. स. ८९३ (वि स १०२८=ई स. ९७१) का, एक लेख[2] मिला है। यह कनाडी भाषा में लिखा हुआ है। इसमें इसकी उपाधि, "नित्यवर्ष" लिखी है, और इसके सामन्त पश्चिमी गङ्गवंशी पेरमानडि मारसिंह द्वितीय का भी उल्लेख है। इस मारसिंह के अधिकार में गगवाडी के ९६ हज़ार (१), बेलवल के ३००, और पुरिगेर के ३०० गाँव थे।

उदयपुर (ग्वालियर) से, परमार राजा उदयादित्य के समय की, एक प्रशस्ति[3] मिली है। उसमें लिखा है —

"श्रीहर्षदेव इति खोट्टिगदेवलक्ष्मीं।
जग्राह यो युधि नगादसमं प्रताप [१२]"

अर्थात्–श्रीहर्ष (मालवा के परमार राजा सीयक द्वितीय) ने खोट्टिगदेव की राज्यलक्ष्मी छीन ली।

---

(१) यह इसके नाम का प्राकृतरूप मालूम होता है। परन्तु इसके असली नाम का उल्लेख अब तक नहीं मिला है।

(२) इण्डियन ऐण्टिक्वेरी, भा० १२ पृ० २५५

(३) जर्नल बंगाल एशियाटिक सोसाइटी, भा० ९, पृ० ५४५

धनपाल कवि ने अपने 'पाइयलच्छी नाममाला' नामक प्राकृतकोष के अन्त में लिखा है:—

"विक्कमकालस्सगए अउणतीसुत्तरे सहस्सम्मि ।
मालवनरिंदधाडीए लूडिए मन्नखेडम्मि ॥ २७८ ॥"

अर्थात्—विक्रम संवत् १०२९ में मालवे के राजा ने मान्यखेट को लूटा ।

इनसे प्रकट होता है कि, सीयक द्वितीय ने, खोट्टिग को हराकर उसकी राजधानी, मान्यखेट को लूटा था । इसी घटना के समय धनपाल ने, अपनी बहन सुन्दरा के लिए, पूर्वोक्त (पाइयलच्छी नाममाला) पुस्तक बनायी थी । इसी युद्ध में मालवे के राजा सीयक का चचेरा भाई (वागड़ का राजा कङ्कदेव) मारा गया था, और इसी में खोट्टिग का भी देहान्त हुआ था । यह बात पुष्पदन्त रचित 'जैनमहापुराण' से भी सिद्ध होती है ।

खोट्टिग का राज्यारोहण वि. स. १०२३ (ई. स. ९६६) के करीब हुआ होगा ।

खोट्टिग के समय से ही दक्षिण के राष्ट्रकूट राजाओं का उदय होता हुआ प्रताप-सूर्य अस्ताचल की तरफ मुडगया था । खोट्टिग के पीछे कोई पुत्र न था ।

१९ कर्कराज द्वितीय

यह अमोघवर्ष तृतीय के सब से छोटे पुत्र निरुपम का लड़का, और खोट्टिगदेव का भतीजा था; और अपने चाचा खोट्टिग के बाद राज्य का अधिकारी हुआ । इसके नाम के रूपान्तर—कक्क, कर्कर, कक्कर, और कक्कल आदि मिलते हैं । इसकी उपाधिया ये थीं —

अमोघवर्ष, नृपतुङ्ग, वीरनारायण, नूतनपार्थ, अहितमार्तण्ड, राजत्रिनेत्र, महाराजाधिराज, परमेश्वर, परममाहेश्वर, परमभट्टारक, पृथ्वीवल्लभ, और वल्लभनरेन्द्र आदि । इन में की "परममाहेश्वर" उपाधि से इसका भी शैव होना, सिद्ध होता है।

इसके समय का, श स ८९४ (वि. स १०२९=ई. स ९७२) का, एक ताम्रपत्र[1] करडा से मिला है। इसमें भी राष्ट्रकूटों को यदुवंशी लिखा है। कर्कराज की राजधानी मलखेड़ थी, और इसने गुर्जर, चोल, हूण, और पाण्ड्य लोगों को जीता था।

गुण्डूर (धारवाड़) से, श. स ८९६ (वि स १०३०=ई. स. ९७३) का, एक लेख[2] मिला है। यह भी इसी के समय का है। इसमें इसके सामन्त पश्चिगी गङ्गवंशी राजा पेरमानडि मारसिंह द्वितीय का उल्लेख है। इस मारसिंह ने पल्लवंशी नोलम्बकुल को नष्ट किया था।

कर्कराज द्वितीय) का राज्याभिषेक वि स १०२९ (ई स ९७२) के करीब हुआ होगा।

पहले खोट्टिग और मालवे के परमार राजा सीयक द्वितीय के युद्ध का उल्लेख किया जा चुका है। इस युद्ध के कारण ही इन राष्ट्रकूटों का राज्य शिथिल पड़गया था। इसी से चालुक्यवंशी (सोलङ्की) राजा तैलप[3] द्वितीय ने कर्कराज द्वितीय पर चढाई कर अपने पूर्वजों के गये हुए राज्य को वापिस हथिया लिया[4]। इस प्रकार वि स १०३० (ई स ९७३) के बाद कल्याणी

(१) इण्डियन ऐण्टिक्वेरी, भाग, १२ पृ० २६३

(२) इण्डियन ऐण्टिक्वेरी, भाग १२, पृ० २७१

(३) इस तैलप की पितामही राष्ट्रकूट कृष्णराज (द्वितीय) की कन्या थी, और उसका विवाह चालुक्यवंशी अय्यन के साथ हुआ था। अय्यन का समय वि. स ९७७ (ई. स ९२०) के करीब था (इण्डियन ऐण्टिक्वेरी, भा १६, पृ १८ और दि क्रॉनॉलॉजी ऑफ इण्डिया, पृ. ८६)

(४) खारेपाटण से मिले ताम्रपत्र में लिखा है —

"कक्कलस्तस्य भ्रातृव्यो भुवोभर्ता जनप्रिय ।
आसीत् प्रचण्डधामेव प्रतापजितशात्रव ॥
समरे त विनिर्जित्य तैलपोभून्महीपति ।"

अर्थात्-खोट्टिग का भतीजा प्रतापी कर्कराज द्वितीय था। परन्तु तैलप ने, उसे हराकर, उसके राज्यपर अधिकार करलिया।

के चालुक्य सोलंकी-राज्यकी स्थापना के साथ ही दक्षिण के राष्ट्रकूट-राज्य की समाप्ति हो गयी।

कलचुरी वंशी विज्जल के लेखें[1] में तैलप का राष्ट्रकूट राजा कर्कर (कर्कराज द्वितीय), और रणकभ (रणस्तम्भ) को मारना लिखा है। यह रणस्तम्भ शायद कर्कराज का रिश्तेदार होगा।

उपर्युक्त सोलंकी तैलप द्वितीय का विवाह राष्ट्रकूट भम्मह की कन्या जाकब्या से हुआ था[2]।

भदान से मिले, शिलारवंशी अपराजित के, श. स. ९१९ के ताम्रपत्र[3] से और उसी वंश के रट्टराज के, श.स. ९३० के, ताम्रपत्र[4] से भी कर्कराज के समय तैलप द्वितीय का राष्ट्रकूट राज्य को नष्ट करना सिद्ध होता है। यह अपराजित राष्ट्रकूटों का सामन्त था, परन्तु उनके राज्य के नष्ट होजाने पर स्वतंत्र बनबैठा था।

'विक्रमाङ्कदेवचरित' (सर्ग १) में लिखा है.-

> विश्वम्भराकंटकराष्ट्रकूटसमूलनिर्मूलनकोविदस्य।
> सुखेन यस्यान्तिकमाजगाम चालुक्यचन्द्रस्य नरेन्द्रलक्ष्मीः ॥६६॥

अर्थात्-राज्यलक्ष्मी, राष्ट्रकूट राज्य को नष्ट करने वाले, सोलङ्की तैलप द्वितीय के पास चली आयी।

---

(१) इण्डियन ऐण्टिक्वेरी, भा० ८, पृ० १५

(२) ऐपिग्राफिया इण्डिका, भा० ५, पृ० १५

(३) इण्डियन ऐण्टिक्वेरी, भा० १६, पृ० ११

(४) ऐपिग्राफिया इण्डिका, भा० ३, पृ० २७२

(५) ऐपिग्राफिया इण्डिका, भा० ३, पृ० २६७

श्रवणबेलगोल से, श. स ९०४ (वि. स. १०३९=ई. स. ९८२) का, एक लेख[1] मिला है। इसमें इन्द्रराज चतुर्थ का उल्लेख है। यह राष्ट्रकूट-नरेश कृष्णराज तृतीय का पोत्र था। इस इन्द्रराज की माता गगवशी गागेयदेव की कन्या थी, और स्वय इन्द्रराज का विवाह राजचूडामणि की कन्या से हुआ था।

इन्द्रराज चतुर्थ की उपाधिया ये थीं—रट्टकन्दर्पदेव, राजमार्तन्ड, चलदङ्क-कारण, चलदग्गले, कीर्तिनारायण आदि।

यह बडा वीर, रणकुशल, और जीतेन्द्रिय था। इसने, अकेलेही, चक्रव्यूह को तोडकर १८ शत्रुओं को हराया था। यद्यपि कच्छर की स्त्री गिरिगे ने इसे मोहित करने की बहुत कोशिश की, तथापि यह उसके फदे में नहीं फँसा। इस पर वह सेना लेकर लड़ने को उद्यत होगयी। परन्तु इसमें भी उसे सफलता नहीं मिली।

पश्चिमी गगवशी राजा पेरमानडि मारसिंह ने, कर्कराज द्वितीय के बाद, राष्ट्रकूट राज्य को बना रखने के लिए इसी इन्द्रराज चतुर्थ को राजगद्दी पर बिठाने की कोशिश की थी। (पहले लिखा जा चुका है कि, मारसिंह का पिता पेरमानडि भूतुग राष्ट्रकूट राजा कृष्णराज तृतीय का बहनोई था।) यह घटना शायद वि स १०३० (ई. स ९७३) के करीब की है। परन्तु इसके नतीजे का कुछ भी पता नहीं चलता।

इन्द्रराज चतुर्थ की मृत्यु श स. ९०४ (वि. स. १०३९) की चैत्र वदि ८ (ई. स. ९८२ के मार्च की २० तारीख) को हुई थी। इसने जैनमतानुसार अनशनव्रत धारणकर प्राण त्याग किये थे[2]।

---

(१) इन्सक्रिपशन्स ऐट श्रवणबेलगोल, न० ५७ (पृ० ५१) ए १७

(२) ऐपिग्राफिया इण्डिका, भा० ६, पृ० १८२

मान्यखेट (दक्षिण) के राष्ट्रकूटों का वंशवृक्ष

१ दन्तिवर्मा (दन्तिदुर्ग) प्रथम

२ इन्द्रराज प्रथम

३ गोविन्दराज प्रथम

४ कर्कराज प्रथम

५ इन्द्रराज द्वितीय ७ कृष्णराज प्रथम नन्न

६ दन्तिवर्मा (दन्तिदुर्ग) द्वितीय ८ गोविन्दराज द्वितीय ९ ध्रुवराज

१० गोविन्दराज तृतीय (जगत्तुङ्ग प्रथम) इन्द्रराज (गुजरात की दूसरी शाखा इसी से चली थी) शौचकम्ब (कम्बय्य, स्तम्भ या रणावलोक)

११ अमोघवर्ष प्रथम

१२ कृष्णराज द्वितीय

जगत्तुङ्ग द्वितीय दन्तिवर्मा

१३ इन्द्रराज तृतीय १६ अमोघवर्ष तृतीय (वद्दिग)

१४ अमोघवर्ष द्वितीय १५ गोविन्दराज चतुर्थ

१७ कृष्णराज तृतीय जगत्तुङ्ग तृतीय १८ खोट्टिग निरुपम रेवकनिम्मडि (कन्या)

इन्द्रराज चतुर्थ १९ कर्कराज द्वितीय

मान्यखेट (दक्षिण) के राष्ट्रकूटों का नक्शा

संख्या	नाम	परस्पर का सम्बन्ध	उपाधि	ज्ञात समय	समकालीन राजा आदि
	दन्तिवर्मा(दन्तिदुर्ग) प्रथम				
२	इन्द्रराज प्रथम	नं० १ का पुत्र			
३	गोविन्दराज प्रथम	नं० २ का पुत्र			
४	कर्कराज प्रथम	नं० ३ का पुत्र			
५	इन्द्रराज द्वितीय	नं० ४ का पुत्र			
६	दन्तिवर्मा(दन्तिदुर्ग) द्वितीय	नं० ५ का पुत्र	महाराजाधिराज	श. स. ६७५	पश्चिमी चालुक्य कीर्तिवर्मा।
७	कृष्णराज प्रथम	नं० ५ का भाई		श. सं ६९० (६९२) ६९४	राहप्प, और कीर्तिवर्मा।
८	गोविन्दराज द्वितीय	नं० ७ का पुत्र	महाराजाधिराज	श. स ६९२, (६९७, ७०१) ७०५	
९	ध्रुवराज	नं० ८ का भाई	महाराजाधिराज	श. सं. ६९७, ७०१, [७१५]	प्रतिहार वत्सराज
१०	गोविन्दराज तृतीय	नं० ९ का पुत्र	महाराजाधिराज	श. सं ७१६, ७२६, ७३०, ७३४, ७३५	मारशर्व, कांची का दन्तिग, इन्द्रायुध, वत्सराज (वराह), और विजयादित्य।
११	धमोघवर्ष प्रथम	नं० १० का पुत्र	महाराजाधिराज	श. सं. ७३८, ७४९ [७५७] ७६५, ७७५, (७७३), ७८२, ७८७, ७८८, ७८९ [७९९]	शिलारवंशी कपर्दी द्वितीय, पृथ्वीपति, कर्कराज, संकरगण्ड, और पुलशक्ति।

१२	कृष्णराज द्वितीय	नं० ११ का पुत्र	महाराजाधिराज	श. सं. [७१७], ८१०, ८२२, (८२४), ८२४, ८३? (८३३) ८३२	कलचुरि कोकल्ल, और शङ्कुक.
१३	इन्द्रराज तृतीय	नं० १२ का पौत्र	महाराजाधिराज	श. सं. ८३६, ८३८	कलचुरि अम्मणदेव, और प्रतिहार महीपाल।
१४	अमोघवर्ष द्वितीय	नं० १३ का पुत्र			
१५	गोविन्दराज चतुर्थ	नं० १४ का भाई	महाराजाधिराज	श. सं. ८४०, ८५१, ८५२, ८५५	
१६	अमोघवर्ष तृतीय (बद्दिग)	नं० १३ का भाई	महाराजाधिराज		कलचुरि युवराज प्रथम, और पश्चिमी गंगवंशी पेरमानडि भूतुग द्वितीय।
१७	कृष्णराज तृतीय	नं० १६ का पुत्र	महाराजाधिराज चक्रवर्ती	श. सं. ८६१, ८६२, ८६७, ८७१, ८७२, ८७३, ८७५, ८७६, ८८०, ८८१, ८८४	दन्तिग, वप्पुग, राचमल्ल प्रथम, पश्चिमी गंगवंशी भूतुग द्वितीय, अगिणग, चोल राजादित्य, कलचुरि सहस्रार्जुन, अन्तिग, और पृथ्वीराम।
१८	खोट्टिग	नं० १७ का भाई	महाराजाधिराज	श. सं. ८९३ (वि. सं. १०२९)	मारसिंह, और परमार सीयक द्वितीय,
१९	कर्कराज द्वितीय	नं० १८ का भतीजा	महाराजाधिराज	श. सं. ८९४, ८९६	तैलप द्वितीय, और मारसिंह द्वितीय
२०	इन्द्रराज चतुर्थ	नं० १७ का पौत्र		श. सं. ९०४	

शक संवत् में १३५ जोड़ने से विक्रम संवत्, और ७८ जोड़ने से ईस्वी सन् बन जाता है।

लाट (गुजरात) के राष्ट्रकूट ।

[वि. सं. ८१४ (ई. स. ७५७) के पूर्व से

वि. सं. ९४५ (ई. स. ८८८) के बाद तक]

प्रथम शाखा

पहले लिखा जाचुका है कि, दन्तिदुर्ग (दन्तिवर्मा द्वितीय) ने चालुक्य (सोलंकी) कीर्तिवर्मा द्वितीय का राज्य छीन लिया था। उसी समय से लाट (दक्षिणी और मध्य गुजरात) पर भी राष्ट्रकूटो का अधिकार होगया ।

सूरत से, श. सं. ६७९ (वि. सं. ८१४=ई. स. ७५७) का, गुजरात के महाराजाधिराज कर्कराज द्वितीय का, एक ताम्रपत्र[1] मिला है। इससे ज्ञात होता है कि, दन्तिवर्मा (दन्तिदुर्ग) द्वितीय ने, अपनी सोलङ्कियों पर की विजय के समय, अपने रिश्तेदार कर्कराज को लाट प्रदेश का स्वामी बनादिया था।

इन राष्ट्रकूटों और दक्षिणी राष्ट्रकूटों के नामों में साम्य होने से प्रकट होता है कि, लाट के राष्ट्रकूट भी दक्षिण के राष्ट्रकूटों की ही शाखा में थे ।

१ कर्कराज प्रथम

इस शाखा का सब से पहला नाम यही मिलता है ।

२ ध्रुवराज

यह कर्कराज प्रथम का पुत्र था ।

३ गोविन्दराज

यह ध्रुवराज का पुत्र था । इसका विवाह नागवर्मा की कन्या से हुआ था ।

---

(1) जर्नल बाम्बे एशियाटिक सोसाइटी, भा. १६, पृ. १०६

४ कर्कराज द्वितीय

यह गोविन्दराज का पुत्र था। श. सं ६७९ (वि. स. ८१४=ई. स. ७५७) का उपर्युक्त ताम्रपत्र इसी के समय का है। कर्कराज द्वितीय राष्ट्रकूट राजा दन्तिवर्मा (दन्तिदुर्ग) द्वितीय का समकालीन था, और इसे उसी ने लाट देश का अधिकार दिया था।

इस (कर्कराज द्वितीय) की निम्नलिखित उपाधियाँ मिलती हैं:-

परममाहेश्वर, परमभट्टारक, परमेश्वर, और महाराजाधिराज।

यह राजा बड़ा प्रतापी, और शिवभक्त था। कुछ विद्वान् इसी का दूसरा नाम राहप्प मानते हैं; जिसे दक्षिण के राष्ट्रकूट राजा कृष्णराज प्रथम ने हराया था। सम्भव है, इसी युद्ध के कारण इस शाखा की समाप्त हुई हो।

इसके बाद की इस वंश के राष्ट्रकूटों की प्रशस्तियों के न मिलने से इस शाखा के अगले इतिहास का पता नहीं चलता।

द्वितीय शाखा।

दक्षिण के राष्ट्रकूट राजा गोविन्दराज तृतीय के इतिहास में लिख आये हैं कि, उसने अपने छोटे भाई इन्द्रराज को लाट देश का राज्य दिया था। उसी इन्द्रराज के वंशजों की प्रशस्तियों में इस शाखा का इतिहास इस प्रकार मिलता है:—

१ इन्द्रराज

यह दक्षिण के राष्ट्रकूट राजा ध्रुवराज का पुत्र, और गोविन्दराज तृतीय का छोटा भाई था। इसके बड़ेभाई गोविन्दराज तृतीय ने ही इसे लाट प्रदेश [दक्षिणी और मध्य गुजरात] का स्वामी बनाया था।

गोविन्दराज तृतीय के, श. स. ७३० (वि. सं. ८६५=ई. स. ८०८) के, ताम्रपत्र में गुजरात विजय का उल्लेख है। इससे अनुमान होता है कि, उसी समय के आस पास इन्द्रराज को लाट देश का अधिकार मिला होगा।

इन्द्रराज के पुत्र कर्कराज के श. सं. ७३४ के ताम्रपत्र से ज्ञात होता है कि, इन्द्राजने गुर्जरेश्वर को हराया था। यह घटना शायद गुर्जर नरेश के अपने गये हुए राज्य को फिरसे प्राप्त करने की चेष्टा करने पर हुई होगी। उसी ताम्रपत्रमें इन्द्रराज का, मान्यखेट के राष्ट्रकूट नरेश (अपने बड़े भाई) गोविन्दराज तृतीय के विरुद्ध, दक्षिण की तरफ के सामन्तों की रक्षा करना लिखा है। सम्भव है कुछ समय बाद दोनो भाइयों के बीच मनोमालिन्य होगया हो।

इन्द्रराज के दो पुत्र थे:—कर्कराज, और गोविन्दराज।

२ कर्कराज (कक्कराज)

यह इन्द्रराज का पुत्र, और उत्तराधिकारी था। इसके समय के तीन ताम्रपत्र मिले हैं। इनमें का पहला श. स. ७३४ (वि. स. ८६९=ई. स. ८१२) का है। इसमें दक्षिण के राष्ट्रकूट राजा गोविन्दराज तृतीय का अपने छोटे भाई इन्द्रराज (कर्कराज के पिता) को लाट देश का राज्य देना लिखा है, और कर्कराज की निम्नलिखित उपाधियाँ दी हैं:—

महासामन्ताधिपति, लाटेश्वर, और सुवर्णवर्ष

कर्कराज ने, गौड और बङ्गदेश विजेता, गुर्जर के राजा से मालवे के राजा की रक्षा की थी। इस ताम्रपत्र में उल्लिखित दान के दूतक का नाम राजकुमार दन्तिवर्मा था।

इसके समय का दूसरा ताम्रपत्र श. स. ७३८ (वि. स. ८७३=ई. स. ८१७) का, और तीसरा श. स. ७४६ (वि. स. ८८१=ई. स. ८२४) का है।

(१) एपिग्राफिया इण्डिका, भाग ६, पृ. २४२
(२) इण्डियन ऐण्टिक्वेरी, भाग १२, पृ १५८
(३) इसमें जिस, वडपद्रक नामक गाव के दानका उल्लेख है वह आजकल बड़ौदा के नाम से प्रसिद्ध नगर है।
(४) जर्नल बॉम्बे एशियाटिक सोसाइटी, भाग २०, पृ १३५
(५) यह नाक्षाणपाळी से मिला है।

गुजरात के महासामन्ताधिपति ध्रुवराज प्रथम का, श. स. ७५७ (वि. स. ८९२=ई. स. ८३५) का, एक ताम्रपत्र मिला है। उसमें लिखा है कि, इस कर्कराज ने, बागी हुए राष्ट्रकूटो को हराकर (वि. स. ८७२=ई. स. ८१५ के करीब), मान्यखेट के राजा अमोघवर्ष प्रथम को उसके पिता की गद्दी पर बिठाया था।

इससे अनुमान होता है कि, गोविन्दराज तृतीय की मृत्यु के समय अमोघवर्ष प्रथम बालक था, और इसी से मौक़ा पाकर उसके राष्ट्रकूट सामन्तों ने, और सोलङ्कियों ने उसके राज्य को छीन लेने की कोशिश की थी। परन्तु कर्कराज के कारण उनकी इच्छा पूर्ण न होसकी।

इसके पुत्र का नाम ध्रुवराज था।

३ गोविन्दराज

यह इन्द्रराज का पुत्र, और कर्कराज का छोटा भाई था। इसके समय के दो ताम्रपत्र मिले हैं। इनमें का पैहला श. स. ७३५ (वि. स. ८६९=ई. स. ८१२) का, और दूसरा श. स ७४९ (वि. स. ८८४=ई. स. ८२७) का है। पहले ताम्रपत्र में इसके महासामन्त शलुक्कि वशी बुद्धवर्ष का उल्लेख है, और गोविन्दराज की नीचे लिखी उपाधियाँ दी हैं –

महासामन्ताधिपति, और प्रभूतवर्ष।

दूसरे ताम्रपत्र से ज्ञात होता है कि, जिस समय यह राजा भड़ोच में था, उस समय इसने जयादित्य नामक सूर्य के मन्दिर के लिए एक गाव दान दिया था।

---

(१) इण्डियन ऐण्टिक्वेरी, भाग १४, पृ० १९९

(२) ऐपिग्राफिया इण्डिका, भाग ३, पृ० ५४

(३) इण्डियन ऐण्टिक्वेरी, भाग ५, पृ १४५

फर्कराज के, श. स. ७३४, ७३८, और ७४६, के ताम्रपत्रों, और उसके छोटे भाई गोविन्दराज के श. स. ७३५, और ७४९ के ताम्रपत्रों को देखने से अनुमान होता है कि, इन दोनों भाइयों ने एक ही समय साथ साथ अधिकार का उपभोग किया था।

४ ध्रुवराज प्रथम

यह फर्कराज का पुत्र था, और अपने चचा गोविन्दराज के पीछे राज्य का स्वामी हुआ। फर्कराज के इतिहास में, जिस श. स. ७५७ (वि. सं. ८९२=ई. स. ८३५) के ताम्रपत्र का उल्लेख किया गया है, वह इसी का है। उसमें इसकी उपाधियाँ—महासामन्ताधिपति, धारावर्ष, और निरुपम लिखी हैं।

वेगुम्रा से मिले, श. सं. ७८९ (वि. सं. ९२४=ई. स. ८६७) के, ताम्रपत्र से प्रकट होता है कि, इसने अमोघवर्ष प्रथम के विरुद्ध बगावत की थी; इसी से उसे इस पर चढायी करनी पड़ी। शायद इसी युद्ध में यह (ध्रुवराज प्रथम) मारा गया था।

---

(१) कुछ लोगों का अनुमान है कि, श स ७३५ (वि स ८६९=ई. स. ८१२) में दक्षिण के राष्ट्रकूट राजा गोविन्दराज तृतीय के मरने पर, जब उसके सामन्तों ने बगावत की, तब कर्कराज, अपने भाई गोविन्दराज को लाटराज्य का प्रबन्ध सौंप, अमोघवर्ष प्रथम की सहायता को गया था। इसीसे बड़े भाई कर्कराज की अनुपस्थिति में गोविन्दराज ने वहा का प्रबन्ध स्वतन्त्र शासक की तरह किया हो। यह भी सम्भव है कि, गोविन्दराज का इरादा बड़े भाई के जीतेजी ही उसके राज्य को दबा लेने का होगया हो। परन्तु अन्त में अमोघवर्ष की सहायता से कर्कराज ने उस पर फिर से अधिकार करलिया हो। परन्तु उक्त सवत् के लेख की पाचवीं, छठी, और सातवीं पंक्तियों से दक्षिण के राष्ट्रकूट राजा गोविन्दराज तृतीय का उस समय विद्यमान होना पाया जाता है

(२) इण्डियन ऐण्टिक्वेरी, भाग १४, पृ० १९९

५ अकालवर्ष

यह ध्रुवराज का पुत्र, और उत्तराधिकारी था। इसकी दो उपाधियां शुभतुङ्ग, और सुभटतुङ्ग मिलती हैं। इसके,[1] और दक्षिण के राष्ट्रकूटों के बीच भी मनोमालिन्य रहा था।

इसके तीन पुत्र थे.—ध्रुवराज, दन्तिवर्मा, और गोविन्दराज।

६ ध्रुवराज द्वितीय

यह अकालवर्ष का पुत्र, और उत्तराधिकारी था।

इसका, श. सं. ७८९ (वि. स. ९२४=ई. स. ८६७) का, एक ताम्रपत्र[2] मिला है। उसके 'दूतक' का नाम गोविन्दराज है। यह गोविन्द शुभतुङ्ग (अकालवर्ष) का पुत्र, और ध्रुवराज द्वितीय का छोटा भाई था। ध्रुवराज ने एक साथ चढायी करके आनेवाले गुर्जरराज[3], वल्लभ, और मिहिर को हराया था। यह मिहिर शायद कन्नौज का पड़िहार राजा भोजदेव ही होगा; जिसकी उपाधि मिहिर थी। वल्लभ के साथ के युद्ध के उल्लेख से अनुमान होता है कि, शायद इसने मान्यखेट के राष्ट्रकूट–राजाओं की अधीनता से निकलने की कोशिशें की होगी।

ध्रुवराज ने ढोद्दि नामक ब्राह्मण को त्रेन्ना नाम का एक प्रान्त दान में दिया था। इसकी आय से उसने एक सत्र खोला था; जहां पर सदा (सुभिक्ष और दुर्भिक्ष में) हजारों ब्राह्मणों को भोजन दिया जाता था। इस (ध्रुवराज) का छोटाभाई गोविन्द भी, इसकी तरफ से, शत्रुओं से युद्ध किया करता था।[4]

---

(१) बेगुम्रा से मिले, श० स० ७८९ के, ताम्रपत्र में लिखा है कि, यद्यपि इसके दुष्ट सेवक इससे बदल गये थे, तथापि इसने वल्लभ (अमोघवर्ष प्रथम) की सेना से अपना पैतृकराज्य छीनलिया। (इण्डियन ऐण्टिक्वेरी, भाग १२, पृ० १८१)

(२) इण्डियन ऐण्टिक्वेरी, भाग १२, पृ० १८१

(३) उस समय गुजरात का राजा चावड़ा क्षेमराज होगा

(४) ऊपर उल्लेख किये, श. स. ७८९ के, ताम्रपत्र से यह भी ज्ञात होता है कि, जिस समय शत्रुओं ने इस पर चढ़ाई की थी, उस समय इसके बान्धव, और छोटा भाई तक भी इससे बदल गये थे।

७ दन्तिवर्मा

यह अकालवर्ष का पुत्र, और ध्रुवराज द्वितीय का छोटा भाई था। तथा अपने बड़े भाई ध्रुवराज के मरने पर उसका उत्तराधिकारी हुआ।

इसके समय का, श. स. ७८९ (वि. स. ९२४=ई. स. ८६७) का, एक ताम्रपत्र[1] मिला है। इस में इसकी उपाधियां—महासामन्ताधिपति, और अपरिमितवर्ष आदि लिखी हैं। इस ताम्रपत्र में लिखा दान एक बौद्ध विहार के लिए दिया गया था।

ध्रुवराज द्वितीय के ताम्रपत्र से ज्ञात होता है कि, शायद इसके और ध्रुवराज के बीच मनोमालिन्य हो गया था। परन्तु दन्तिवर्मा के ताम्रपत्र में इस को अपने बड़े भाई (ध्रुवराज) का परमभक्त लिखा है। इसलिए जिस भाई से ध्रुवराज का मनोमालिन्य होना लिखा है वह सम्भवत कोई दूसरा होगा।

८ कृष्णराज

यह दन्तिवर्मा का पुत्र था, और उसके पीछे राज्य का स्वामी हुआ। इसके समय का, श स ८१० (वि. स ९४५=ई. स ८८८) का, एक ताम्रपत्र[2] मिला है। यह बहुत ही अशुद्ध है। कृष्णराज की उपाधियाँ-महासामन्ताधिपति, अकालवर्ष आदि मिलती हैं।

इस (कृष्णराज) ने वल्लभराज के सामने ही उज्जैन में अपने शत्रुओं को जीता था।

कृष्णराज के बाद का इस शाखा का इतिहास नहीं मिलता है।

मान्यखेट के राष्ट्रकूट राजा कृष्णराज द्वितीय के, श स ८३२ (वि. स. ९६७=ई स ९१०) के, ताम्रपत्र को देखने से अनुमान होता है कि, उसने श सं ८१० (वि. स ९४५=ई. स ८८८), और श स. ८३२ (वि स. ९६७=ई स. ९१०) के बीच, लाट देश के राज्य को अपने राज्य में मिलाकर, गुजरात के राष्ट्रकूट राज्य की समाप्ति करदी थी।

---

(१) ऐपिग्राफिया इण्डिका, भाग ६, पृ २८७

(२) इण्डियन ऐण्टिक्केरी, भा. १३, पृ. ६६

लाट (गुजरात) के राष्ट्रकूटों का वंशवृक्ष

(प्रथम शाखा)

१ कर्कराज प्रथम
|
२ ध्रुवराज
|
३ गोविन्दराज
|
४ कर्कराज द्वितीय

(द्वितीय शाखा)

ध्रुवराज (मान्यखेट का राजा)
|
१ इन्द्रराज
|
२—कर्कराज — ३ गोविन्दराज प्रथम

२—कर्कराज
|
४—ध्रुवराज प्रथम
|
५—अकालवर्ष
|
६—ध्रुवराज द्वितीय — ७—दन्तिवर्मा — गोविन्दराज द्वितीय

७—दन्तिवर्मा
|
८—कृष्णराज

लाट (गुजरात) के राष्ट्रकूटों का नक्शा

संख्या	नाम	उपाधि	परस्पर का सम्बन्ध	ज्ञात समय	
	(प्रथम शाखा)				
१	कर्कराज प्रथम				
२	ध्रुवराज		नं. १ का पुत्र		
३	गोविन्दराज		नं. २ का पुत्र		नागवर्मा
४	कर्कराज द्वितीय	महाराजाधिराज	नं. ३ का पुत्र	श. सं. ६७९	राष्ट्रकूट दन्तिवर्मा (दन्तिदुर्ग) द्वितीय, और राष्ट्रकूट कृष्णराज प्रथम
	(द्वितीय शाखा)				
१	इन्द्रराज	मान्यखेट के राजा गोविन्दराज तृतीय का छोटा भाई			राष्ट्रकूट गोविन्दराज तृतीय
२	कर्कराज	महासामन्ताधिपति	नं १ का पुत्र	श. सं. ७३४, ७३८ और ७४६	राष्ट्रकूट अमोघवर्ष प्रथम
३	गोविन्दराज	,,	नं. २ का भाई	श सं. ७३५, और ७४९	राष्ट्रकूट अमोघवर्ष प्रथम
४	ध्रुवराज प्रथम	,,	नं. २ का पुत्र	श. सं. ७५७	राष्ट्रकूट अमोघवर्ष प्रथम
५	अकालवर्ष	,,	नं. ४ का पुत्र		राष्ट्रकूट अमोघवर्ष प्रथम
६	ध्रुवराज द्वितीय	,,	नं ५ का पुत्र	श. सं. ७८९	मिहिर (प्रतिहार भोज)
७	दन्तिवर्मा	,,	नं ६ का भाई	श. सं. ७८९	
८	कृष्णराज	,,	नं. ७ का पुत्र	श सं. ८१०	राष्ट्रकूट कृष्णराज द्वितीय

सौन्दत्ति के रट्ट (राष्ट्रकूट)

[वि. सं. ९३२ (ई. स. ८७५) के निकट से
वि. सं. १२८७ (ई. स. १२३०) के निकट तक]

पहले लिखा जाचुका है कि, चालुक्य (सोलंकी) नरेश तैलप द्वितीय ने मान्यखेट (दक्षिण) के राष्ट्रकूट राजा कर्कराज द्वितीय से राज्य छीन लिया था। इन दोनों राजाओं के लेखों से इस घटना का वि. सं. १०३० (ई. स. ९७३) के बाद होना प्रतीत होता है। परन्तु वहीं से मिले अन्य लेखों से ज्ञात होता है कि, मुख्य राष्ट्रकूट राज्य के नष्ट हो जाने पर भी, उसकी शाखाओं से सम्बन्ध रखने वाले, राष्ट्रकूटों की जागीरें बहुत समय बाद तक विद्यमान थीं; और वे चालुक्यो (सोलंकियो) के सामन्त बनगये थे।

बम्बई प्रदेश के धारवाड़ प्रान्त में भी राष्ट्रकूटों की ऐसी दो शाखाओं का पता चलता है; जिन्होंने वहाँ पर अधिकार का उपभोग किया था। इनकी जागीर का मुख्य नगर सौन्दत्ति (कुन्तल-बेलगाँव ज़िले में) था, और इनके लेखों में इनको रट्ट ही लिखा है।

(पहली शाखा)

१ मेरड़

इस शाखा का सब से पहला नाम यही मिलता है।

२ पृथ्वीराम

यह मेरड़ का पुत्र, और उत्तराधिकारी था। इसका, श. सं. ७९७ (वि. सं. ९३२=ई. स. ८७५) का एक लेख[1] मिला है। उसमें इसकी जाति रट्ट लिखी है।

यह राष्ट्रकूट राजा कृष्णराज का सामन्त, और सौन्दत्ति का शासक था। इसके लेख में दिये संवत् से उस समय राष्ट्रकूट राजा कृष्णराज द्वितीय का विद्यमान

(१) जर्नल बॉम्बे एशियाटिक सोसाइटी, भाग १०, पृ. १९४

होना सिद्ध होता है। परन्तु इस (पृथ्वीराम) के पौत्र शान्तिवर्मा का श स. ९०२ (वि. स. १०३७=ई. स. ९८०) का लेख मिला है। इससे इस (पृथ्वीराम) के, और इसके पौत्र (शान्तिवर्मा) के समय के बीच १०५ वर्ष का अन्तर आता है। यह कुछ अधिक प्रतीत होता है। इसलिए सम्भव है पृथ्वीराम का यह लेख पीछे से लिखवाया गया हो, और इसी से इसके समय में गड़बड़ हो गयी हो। ऐसी हालत में इसके समय राष्ट्रकूट राजा कृष्णराज द्वितीय का विद्यमान होना न मानकर कृष्णराज तृतीय का होना मानना ही ठीक मालूम होता है।

पृथ्वीराम जैन मतानुयायी था, और इसे वि. स. ९९७ (ई स ९४०) के करीब महासामन्त की उपाधि मिली थी।

३ पिट्टुग

यह पृथ्वीराम का पुत्र था, और उसके बाद उसका उत्तराधिकारी हुआ। इसने अजवर्मा को युद्ध में हराया था। इसकी स्त्री का नाम नीजिकब्बे था।

४ शान्तिवर्मा

यह पिट्टुग का पुत्र, और उत्तराधिकारी था। इसका, श. स ९०२ (वि स. १०३७=ई. स ९८०) का, एक लेख[1] मिला है। इसमें इसे पश्चिमी चालुक्य (सोलंकी) तैलप द्वितीय का सामन्त लिखा है। इसकी स्त्री का नाम चण्डिकब्बे था।

इसके बाद का इस शाखा का इतिहास नहीं मिलता है।

(दूसरी शाखा)

१ नन्न

सौन्दत्ति के रट्टों की दूसरी शाखा के लेखों में सब से पहला नाम यही मिलता है।

---

(१) जर्नल बॉम्बे एशियाटिक सोसाइटी, भा १०, पृ २०४

२ कार्तवीर्य प्रथम

यह नन्न का पुत्र, और उत्तराधिकारी था। इसका, श. सं. ६०२ (वि. स. १०३७=ई. स. ६८०) का, एक लेख[1] मिला है। यह सोलंकी तैलप द्वितीय का सामन्त, और कूण्डि का शासक था। इस (कूण्डि-धारवाड) प्रदेश की सीमा भी इसी ने निर्धारित की थी। सम्भव है इसी ने शान्तिवर्मा से अधिकार छीनकर उस शाखा की समाप्ति करदी हो।

इसके दो पुत्र थे:—दायिम, और कन्न।

३ दायिम (दावरि)

यह कार्तवीर्य प्रथम का पुत्र, और उत्तराधिकारी था।

४ कन्न (कन्नकैर) प्रथम

यह कार्तवीर्य का पुत्र, और दायिम का छोटा भाई था; तथा अपने बड़े भाई दायिम का उत्तराधिकारी हुआ। इसके दो पुत्र थे:-एरेग, और अङ्क।

५ एरेग (एरेयम्मरस)

यह कन्न प्रथम का पुत्र था, और उसके पीछे गद्दी पर बैठा। इसके समय का, श. सं ६६२ (वि. स. १०६७=ई. स. १०४०) का, एक लेख[2] मिला है। इसमें इसे चालुक्य (सोलंकी) जयसिंह द्वितीय (जगदेकमल्ल) का महासामन्त, लट्टलूर का शासक, और "पच महाशब्दों" से सम्मानित लिखा है। यह संगीत विद्या में निपुण था, और इसको "रट्टनारायण" भी कहते थे। इसकी ध्वजा में सुवर्ण के गरुड़ का निशान होने से यह "सिगन गरुड़" कहाता था। इसकी सवारी के आगे "निशान" का हाथी रहता था, और दक्षिण के राष्ट्रकूटो की तरह इसके आगे भी "टिविलि" नामका बाजा बजा करता था।

इसके पुत्र का नाम सेन (कालसेन) था।

६ अङ्क

यह कन्न प्रथम का पुत्र था, और अपने बड़े भाई एरेग का उत्तराधिकारी हुआ।

---

(१) कीलहार्न्स लिस्ट ऑफ साउथ इण्डियन इन्सक्रिपशन्स, पृ. २६, न. १४१

(२) इण्डियन ऐण्टिक्वेरी, भा. १६, पृ. १६४

इसके समय का, श. स. ९७० (वि. स. ११०५=ई. स. १०४८) का, एक लेख[1] मिला है। इसमें इसे पश्चिमी चालुक्य (सोलङ्की) त्रैलोक्यमल्ल (सोमेश्वर प्रथम) का महासामन्त लिखा है। शायद इस के समय का, इसी सवत् का, एक टूटा हुआ लेख और भी मिला है।

७ सेन (कालसेन) प्रथम

यह एरेग का पुत्र, और अपने चचा अङ्क का उत्तराधिकारी था। इसका विवाह मेललदेवी से हुआ था। इसके दो पुत्र थे—कन्न, और कार्त्तवीर्य।

८ कन्न (कन्नकैर द्वितीय)

यह सेन (कालसेन) प्रथम का पुत्र था, और उसके पीछे गद्दी पर बैठा। इसके समय की दो प्रशस्तिया मिली हैं। उनमें का ताम्रपत्र[2] श स १००४ (वि स ११३९=ई. स १०८२) का है। इसमें रट्टवशी कन्न द्वितीय को पश्चिमी चालुक्य (सोलङ्की) राजा विक्रमादित्य छठे का महासामन्त लिखा है। इस से यह भी प्रकट होता है कि, कन्न ने भोगवती के स्वामी (भीम के पौत्र, और सिन्दराज के पुत्र) महामण्डलेश्वर मुञ्ज से कई गाँव खरीदे थे। यह मुञ्ज सिन्दवशी था। इस वश को नागकुल का भूषण भी लिखा है।

इसके समय का लेख[3] श स १००९ (वि स ११४४=ई स १०८७) का है। इसमें इस को महामण्डलेश्वर लिखा है।

९ कार्तवीर्य द्वितीय

यह सेन प्रथम का पुत्र, और कन्न द्वितीय का छोटा भाई था। इसको कत्त भी कहते थे। इसकी स्त्री का नाम भागलदेवी (भागलाम्बिका) था।

इसके समय के तीन लेख मिले हैं। इनमें का पहला[4] सौन्दत्ति से मिला है। इसमें इसको पश्चिमी चालुक्य (सोलङ्की) सोमेश्वर द्वितीय का महामण्डलेश्वर, और लट्टलूर का शासक लिखा है।

---

(१) जर्नल बॉम्बे एशियाटिक सोसाइटी, भाग १०, पृ १७२

(२) ऐपिग्राफिया इण्डिका, भाग ३ पृ. ३०८

(३) जर्नल बॉम्बे एशियाटिक सोसाइटी, भाग १०, पृ २८७

(४) जर्नल बाम्बे एशियाटिक सोसाइटी, भाग १०, पृ २१३

दूसरा लेख[2] श. सं. १००९ (वि. सं. ११४४=ई. स. १०८७) का है। इसमें इसको सोमेश्वर के उत्तराधिकारी विक्रमादित्य छठे का महामण्डलेश्वर लिखा है।

तीसरा लेख[3] श. सं. १०४५ (वि. स. ११८०=ई. स. ११२३) का है। परंतु इस संवत् के पूर्व हीं इसका पुत्र सेन द्वितीय राज्य का अधिकारी होचुका था।

कन्न द्वितीय, और कार्तवीर्य द्वितीय के लेखों को देखने से अनुमान होता है कि, ये दोनो भाई एक साथ ही शासन करते थे।

१० सेन (कालसेन) द्वितीय

यह कार्तवीर्य द्वितीय का पुत्र, और उत्तराधिकारी था। इसके समय का, श. सं. १०१८ (वि. सं. ११५३=ई. स. १०९६) का, एक लेख[3] मिला है। यह चालुक्य (सोलंकी) विक्रमादित्य छठे, और उसके पुत्र जयकर्ण के समय विद्यमान था। जयकर्ण का समय वि. सं. ११५९ (ई. स. ११०२) से वि. सं. ११७८ (ई. स. ११२१) तक माना जाता है। इसलिए इन्हीं के बीच किसी समय तक सेन द्वितीय भी विद्यमान रहा होगा। इस की स्त्री का नाम लक्ष्मी देवी था।

इसके पिता के समय का श. सं. १०४५ (वि. सं. ११८०=ई. स. ११२३) का लेख मिलने से अनुमान होता है कि, ये दोनों पिता, और पुत्र एक साथ ही अधिकार का उपभोग करते थे।

११ कार्तवीर्य (कट्टम) तृतीय

यह सेन (कालसेन) द्वितीय का पुत्र, और उत्तराधिकारी था। इसकी स्त्री का नाम पद्मलदेवी था।

इसके समय का एक टूटा हुआ लेख[4] कोन्नूर से मिला है। उस में इसकी उपाधियां महामण्डलेश्वर, और चक्रवर्ती लिखी हैं। इससे अनुमान होता है कि, यद्यपि पहले यह पश्चिमी चालुक्य (सोलकी) जगदेकमल्ल द्वितीय, और तैलप

(१) जर्नल बाम्बे एशियाटिक सोसाइटी, भाग १०, पृ. १७३

(२) इण्डियन ऐण्टिक्वेरी, भाग १४, पृ. १९.

(३) जर्नल बाम्बे एशियाटिक सोसाइटी, भा. १०, पृ. १६४

(४) आर्कियालॉजिकल सर्वे ऑफ इण्डिया, भाग ३, पृ. १०३

तृतीय का सामन्त रहा था, तथापि वि स. १२२२ (ई. स. ११६५) के बाद किसी समय, सोलङ्कियों और कलचुरियों (हैहयवंशियों) की शक्ति के नष्ट हो जाने से, स्वतन्त्र बन बैठा। इसने अपने स्वतंत्र हो जाने पर ही चक्रवर्ती की उपाधि धारण की होगी।

श. स. ११०९ (गत) (वि. स १२४४=ई. स. ११८७) के एक लेख से ज्ञात होता है कि, उस समय कूडि में, सोलंकी सोमेश्वर चतुर्थ के दण्डनायक, भायिदेव का शासन था। इससे अनुमान होता है कि, इन रट्टों को स्वाधीन होने में पूरी सफलता नहीं मिली थी।

खानपुर (कोल्हापुर राज्य) से मिले, श. स. १०६६ (वर्त्तमान) (वि स १२००=ई. स ११४३) के, और श. स. १०८४ (गत)(वि स १२१९=ई स ११६२) के, लेखों में, तथा बेलगाव जिले से मिले, श. स १०८६ (वि स १२२१=ई. स ११६४) के, लेखों में भी इस कार्तवीर्य का उल्लेख है।

१२ लक्ष्मीदेव प्रथम

यह कार्तवीर्य तृतीय का पुत्र, और उत्तराधिकारी था। इसके लक्ष्मण, और लक्ष्मीधर दो नाम और भी मिलते हैं। इसकी स्त्री का नाम चन्द्रिकादेवी (चन्दलदेवी) था।

हण्णिकेरि से, श स ११३० (वि स १२६५=ई स. १२०९) का, एक लेख मिला है। यह इसी के समय का प्रतीत होता है। यद्यपि इसके बड़े पुत्र कार्तवीर्य चतुर्थ की श स ११२१ से ११४१ तक की, और छोटे पुत्र मल्लिकार्जुन की ११२७ से ११३१ तक की प्रशस्तियो के मिलने से लक्ष्मीदेव प्रथम का श स ११३० में होना साधारणतया असम्भव ही प्रतीत होता है, तथापि कन्न द्वितीय और कार्तवीर्य द्वितीय की तरह इन (पिता और पुत्रों) का शासन काल भी एक साथ मान लेने से यह गड़बड़ दूर हो जाती

---

(१) फ्लीट-देश इन्स्क्रिपशन्स, भाग ३, पृ ५४७ ५४८

(२) इण्डियन ऐण्टिक्केरी, भाग ४, पृ ११६

(३) बॉम्बे गैजेटियर, भा १, खण्ड २, पृ ५५६

है। परन्तु जब तक इस बात का पूरा प्रमाण न मिल जाय तबतक इ विषय में निश्चित रूप से कुछ नहीं कहा जा सकता।

इसके दो पुत्र थे—कार्तवीर्य, और मल्लिकार्जुन

१३ कार्तवीर्य चतुर्थ

यह लक्ष्मीदेव प्रथम का बड़ा पुत्र था, और उसके बाद राज्य का स्वामी हुआ

इसके समय के ६ लेख, और एक ताम्रपत्र मिले हे। इनमें का पहल श स ११२१ (गत) (वि स १२५७=ई स १२००) का, लेख[1] सकेश्व (बेलगाँव जिले) से मिला है। दूसरा श स ११२४ (वि स १२५८=ई स १२०१) का है। तीसरा[3] और चौथा[4] श स ११२६ (गत) (वि स १२६१=ई स १२०४) का है। पाँचवा श स ११२७ (वि स १२६१=ई सं १२०४) का है। उसमें इसको लटनूर का शासक लिख है, और इसकी राजधानी का नाम वेणुग्राम दिया है। उसीमें इसके छो भाई युवराज मल्लिकार्जुन का नाम भी है।

इसके समय का ताम्रपत्र[6] श स ११३१ (वि स १२६५=ई. स १२०८) का है। उसमें भी इसके छोटे भाई युवराज मल्लिकार्जुन का नाम है

छठा लेख[7] श स ११४१ (वि स १२७५=ई स १२१८) का है

इसकी उपाधि महामण्डलेश्वर थी। इसकी दो रानियो में से एक का नाम एचलदेवी, और दूसरी का नाम मादेवी था।

१४ लक्ष्मीदेव द्वितीय

यह कार्त्तवीर्य चतुर्थ का पुत्र था, और उसके बाद गद्दी पर बैठा। इसके समय का, श स ११५१ (वि स १२८५=ई स १२२८) का, एक लेख[8] मिला है।

(१) कर्नाटक इन्सक्रिपशन्स, भाग २, पृ ५६१

(२) ग्रेहम्स-कोल्हापुर, पृ ४१५, न ६

(३) कर्नाटक इन्सक्रिपशन्स, भाग २, पृ. ५७१

(४) कर्नाटक इन्सक्रिपशन्स, भा २, पृ ५७६

(५) जर्नल बॉंबे एशियाटिक सोसाइटी, भाग १०, पृ० २२०

(६) इण्डियन ऐण्टिक्वेरी, भाग १६, पृ० २४५

(७) जर्नल बॉंबे एशियाटिक सोसाइटी, भाग १०, पृ० २४०

(८) जर्नल बॉंबे एशियाटिक सोसाइटी, भाग १०, पृ० २६०

इसमें इसकी उपाधि महामण्डलेश्वर लिखी है। इसकी माता का नाम मादेवी था।

इसके बाद की इस शाखा की किसी प्रशस्ति के न मिलने से अनुमान होता है कि, इसी समय के करीब इनके राज्य की समाप्ति होगयी थी, और वहाँ पर देवगिरि के यादव राजा सिंघण ने अधिकार करलिया था। यद्यपि इस घटना का समय वि. सं. १२८७ (ई. स. १२३०) के करीब अनुमान किया जाता है, तथापि इस समय के पहले ही कूंडि के उत्तर, दक्षिण, और पूर्व के प्रदेश लक्ष्मीदेव द्वितीय के हाथ से निकल गये थे।

हरलहल्लि से मिले, श. सं. ११६० (वि. सं. १२९५=ई. स. १२३८) के, ताम्रपत्र में बीचण का रट्टों को जीतना लिखा है। यह बीचण देवगिरि के यादव राजा सिंघण का सामन्त था।

सीताबलदी से, श. सं. १००८ (१००९) (वि. सं. ११४४=ई. स. १०८७) का, एक ताम्रपत्र मिला है। यह महासामन्त राणक धाडिभण्डक (धाडिदेव) का है। यह (धाडिभण्डक) पश्चिमी चालुक्य (सोलंकी) विक्रमादित्य छठे (त्रिभुवनमल्ल) का सामन्त था। इस ताम्रपत्र में धाडिभण्डक को महाराष्ट्रकूटवंश में उत्पन्न हुआ, और लटलूर से आया हुआ लिखा है।

खानपुर (कोल्हापुर राज्य) से, श. सं. १०५२ (वि. सं. ११८६=ई. स. ११२९) का, एक लेख[3] मिला है। इस में रट्टवंशी महासामन्त अङ्किदेव का उल्लेख है। यह सोलंकी सोमेश्वर तृतीय का सामन्त था। परंतु धाडिभण्डक, और अङ्किदेव का उपर्युक्त रट्ट शाखा से क्या सम्बन्ध था इसका पता नहीं चलता है।

बहुरिबन्द (जबलपुर) से मिले लेख[4] में राष्ट्रकूट महासामन्ताधिपति गोल्हणदेव का उल्लेख है। यह कलचुरि (हैहयवंशी) राजा गयकर्ण का सामन्त था। यह लेख बारहवी शताब्दी का है। परन्तु इससे गोल्हणदेव का किस शाखा से सम्बन्ध था यह प्रकट नहीं होता।

---

(१) जर्नल बाम्बे एशियाटिक सोसाइटी, भाग १०, पृ० १९०; और क्रॉनॉलॉजी ऑफ इण्डिया, पृ० १८२।

(२) एपिग्राफिया इण्डिका, भाग ३, पृ० ३०५

(३) एपिग्राफिया इण्डिका, भाग ३, पृ० ३०५

(४) आर्किऑलॉजिकल सर्वे ऑफ इण्डिया, भाग ९, पृ० ४०

सौन्दत्ति (सुगन्धवर्ती) के रट्टों का वंशवृत्त

(पहली शाखा)

१ मेरड

२ पृथ्वीराम

३ पिट्टुग

४ शान्तिवर्मा

(दूसरी शाखा)

१ नन्न

२ कार्तवीर्य प्रथम

३ दायिम

४ कन्न प्रथम

५ एरेग

६ अङ्क

७ सेन प्रथम

८ कन्न द्वितीय

९ कार्तवीर्य द्वितीय

१० सेन द्वितीय

११ कार्तवीर्य तृतीय

१२ लक्ष्मीदेव प्रथम

१३ कार्तवीर्य चतुर्थ

मल्लिकार्जुन

१४ लक्ष्मीदेव द्वितीय

सौन्दत्ति (सुगन्धवर्ती) के रट्टों का नक्शा

संख्या	नाम	उपाधि	परस्पर का सम्बन्ध	ज्ञात समय	समकालीन राजा आदि
	(पहली शाखा)				
१	मेरड़				
२	पृथ्वीराम ..		नं. १ का पुत्र ..	श. सं. ७९७ ..	राष्ट्रकूट राजा कृष्णराज
३	पिट्टग ..		नं. २ का पुत्र ..		अजवर्मा
४	शान्तिवर्मा		नं. ३ का पुत्र	श. सं. ९०२ ..	सोलङ्की तैलप द्वितीय, और रट्ट कार्तवीर्य प्रथम
	(दूसरी शाखा)				
१	नन्न				
२	कार्तवीर्य प्रथम		नं. १ का पुत्र ..	श. स. ९०२ ..	सोलङ्की तैलप द्वितीय, और रट्ट शान्तिवर्मा,
३	दायिम ..		नं. २ का पुत्र		
४	कन्न प्रथम ..		नं. ३ का भाई		
५	एरेग ..	महासामन्त ..	नं. ४ का पुत्र ..	श. सं. ९६२ ..	सोलङ्की जयसिंह द्वितीय (जगदेकमल्ल)
६	अङ्क ..	"	नं. ५ का भाई ..	श. सं. ९७० ..	सोलङ्की सोमेश्वर प्रथम (त्रैलोक्यमल्ल)
७	सेन प्रथम ..		नं. ५ का पुत्र		

८	कन्न द्वितीय		नं. ७ का पुत्र ..	श. सं. १००४, १००६ .	सोलङ्की सोमेश्वर द्वितीय, विक्रमादित्य जगु, और सिंदवंशी मुञ्ज
९	कार्तवीर्य द्वितीय	महामण्डलेश्वर	नं. ८ का भाई .	श. स. १००६, १०४५	सोलङ्की सोमेश्वर द्वितीय, और सोलङ्की विक्रमादित्य षष्ठ
१०	सेन द्वितीय	"	नं ९ का पुत्र ..	श. स. १०१८ ..	सोलङ्की विक्रमादित्य षष्ठ, और सोलङ्की जयकर्ण
११	कार्तवीर्य तृतीय	महामण्डलेश्वर, और चक्रवर्ती	न. १० का पुत्र	श. स. १०६६, १०८४ (गत), और १०८६	सोलङ्की जगदेकमल्ल द्वितीय, और सोलङ्की तलप तृतीय
१२	लक्ष्मीदेव प्रथम		नं. ११ का पुत्र	श. स. ११३०	
१३	कार्तवीर्य चतुर्थ	महामण्डलेश्वर	नं. १२ का पुत्र	श. सं. ११२१ (गत), ११२४, ११२६ (गत), ११२७, ११३१, और ११४१	
	मल्लिकार्जुन	युवराज ..	नं. १३ का भाई	श. सं. ११२७, और ११३१	
१४	लक्ष्मीदेव द्वितीय	महामण्डलेश्वर	नं. १३ का पुत्र	श. सं. ११५१	

राजस्थान (राजपूताना) के पहले राष्ट्रकूट ।

हस्तिकुंडी (हथूडी) की शाखा ।

[वि. स. ६५० (ई. स. ८६३) के निकट से
वि. स. १०५३ (ई. स. ६६६) के निकट तक]

कन्नौज के गाहड़वाल राजा जयचंद के वंशजों के राजपूताने में आने से पहले भी हस्तिकुडी (हथूडी–जोधपुर राज्य), और धनोप (शाहपुरा राज्य) में राष्ट्रकूटों के राज्य रहने के प्रमाण मिलते हैं ।

बीजापुर से, वि. स. १०५३ (ई. स. ६६७) का, एक लेख[1] मिला है। (यह स्थान जोधपुर राज्य के गोडवाड़ परगने में है।) इसमें हथूडी के राठोड़ों की वंशावली इसप्रकार लिखी है.-

१ हरिवर्मा

उक्त लेख में सब से पहला नाम यही है ।

२ विदग्धराज

यह हरिवर्मा का पुत्र था, और वि. स. ६७३[2] (ई. स. ६१६) में विद्यमान था ।

---

(१) जर्नल बंगाल एशियाटिक सोसाइटी, भाग ६२, (हिस्सा १) पृ ३११

(२) जर्नल बंगाल एशियाटिक सोसाइटी, भाग ६२, (हिस्सा १) पृ ३१४

३ मम्मट

यह विदग्धराज का पुत्र था। वि. सं. ६६६ (ई. स. ६३६) में इस का विद्यमान होना पाया जाता है[1]।

४ धवल

यह मम्मट का पुत्र था।

इसने मालवे के परमार राजा मुञ्ज के मेवाड़े पर चढ़ाई कर आहाड को नष्ट करने पर मेवाड़ नरेश की सहायता की थी; सांभर के चौहान राजा दुर्लभराज से नाडोल के चौहान राजा महेन्द्र की रक्षा की थी; और अनहिलवाड़े (गुजरात) के सोलङ्की राजा मूलराज द्वारा नष्ट होते हुए धरणीवराह को आश्रय दिया था। यह धरणीवराह शायद मारवाड़ का पड़िहार (प्रतिहार) राजा था। वि. सं. १०५३ (ई. स. ६६७) का उपर्युक्त लेख इसी धवल के समय का है[3]।

इस (धवल) ने, अपनी वृद्धावस्था के कारण, उक्त संवत् के आसपास राज्य का भार अपने पुत्र बालप्रसाद को सौंप दिया था। इसकी राजधानी हस्तिकुंडी (हथूंडी) थी।

इसके बाद की इस वंश की कोई प्रशस्ति न मिलने से इस शाखा का अगला हाल नहीं मिलता है।

---

(१) जर्नल बंगाल एशियाटिक सोसाइटी, भाग ६२, (हिस्सा १) पृ. ३१४

(२) सम्भवतः इस धवल की या इसके पिता की बहन महालक्ष्मी का विवाह मेवाड़ नरेश भर्तृभट्ट द्वितीय से हुआ था। मेवाड़ नरेश अल्लट उसीका पुत्र था।

(३) धवल ने अपने दादा विदग्धराज के बनवाये जैनमन्दिर का जीर्णोद्धार कर उसमें ऋषभनाथ की मूर्ति प्रतिष्ठित की थी।

हस्तिकुंडी (हथूंडी) के पहले राठोड़ों का वंशवृक्ष।

१ हरिवर्मा
|
२ विदग्धराज
|
३ मम्मट
|
४ धवल
|
५ बालप्रसाद

हस्तिकुंडी (हथूंडी) के पहले राठोड़ों का नक्शा।

संख्या	नाम	परस्पर का सम्बन्ध	ज्ञात समय	समकालीन राजा आदि
१	हरिवर्मा			
२	विदग्धराज	न. १ का पुत्र	वि. सं. ९७३	
३	मम्मट	न. २ का पुत्र	वि. सं. ९९६	
४	धवल	न. ३ का पुत्र	वि. सं. १०५३	परमार मुञ्ज, चौहान दुर्लभराज, चौहान महेन्द्र, सोलङ्की मूलराज, और प्रतिहार धरणीवराह।
	बालप्रसाद	न. ४ का पुत्र		

धनोप (राजपूताने) के पहले राष्ट्रकूट ।

कुछ समय पूर्व धनोप (शाहपुरा राज्य) से राठोड़ों के दो शिलालेख मिले थे । परन्तु इस समय उनका कुछ भी पता नहीं चलता है ।

इन में का एक वि. सं. १०६३ की पौष शुक्ला पञ्चमी का था । उसमें लिखा था कि, राठोड़ वंश में राजा भल्लील हुआ । उसके पुत्र का नाम दन्तिवर्मा था । इस दन्तिवर्मा के दो पुत्र थेः- बुद्धराज, और गोविन्दराज ।

निलगुड (बम्बईप्रान्त) से मिले, अमोघवर्ष प्रथम के, लेख में लिखा है कि, उसके पिता गोविन्दराज तृतीय ने केरल, मालव, गौड, गुर्जर, चित्रकूट (चित्तौड़), और काञ्ची के राजाओं को जीता था । इमसे अनुमान होता है कि, ये हस्तिकुंडी (हथूडी), और धनोप के राठोड़ भी दक्षिण के राष्ट्रकूटों की ही शाखा के होंगे, और अमोघवर्ष की इस विजय यात्रा के समय इन प्रदेशों के स्वामी बन बैठे होंगे ।

धनोप के पहले राठोड़ों का वंशवृक्ष

भल्लील
|
दन्तिवर्मा
|
बुद्धराज — गोविन्दराज

कन्नोज के गाहड़वाल

[वि. स. ११२५ (ई. स. १०६८) के निकट से
वि. स. १२८० (ई. स. १२२३) के निकट तक]

कर्नल जेम्स टॉड ने अपने राजस्थान के इतिहास में लिखा है[1] कि, वि. सं. ५२६ (ई. स. ४७०) मे राठोड नयनपाल ने अजयपाल को मारकर कन्नोज पर अधिकार करलिया था। परन्तु यह बात ठीक प्रतीत नहीं होती; क्योंकि यद्यपि कन्नोज पर पहले भी राष्ट्रकूटों का अधिकार रह चुका था, तथापि उस समय वहा पर स्कन्दगुप्त या उसके पुत्र कुमारगुप्त का अधिकार था[2]। इसके बाद वहा पर मोखरियों का अधिकार हुआ[3]। बीच में कुछ समय के लिए वैस वशियों ने भी उसपर अधिकार करलिया था[4]। परन्तु हर्ष की मृत्यु के बाद मोखरियों ने एकबार फिर उसे अपनी राजधानी बनाया। वि. स. ७९८ (ई. स. ७४१) के करीब जिस समय काश्मीर नरेश ललितादित्य (मुक्तापीड़) ने कन्नोज पर आक्रमण किया था, उस समय भी वह मौखरी यशोवर्मा की ही राजधानी थी[5]।

प्रतिहार राजा त्रिलोचनपाल के, वि. स १०८४ (ई. स. १०२७) के, ताम्रपत्रसे[6], और यश पाल के, वि. स. १०९३ (ई. स. १०३६) के, शिलालेख[7] से ज्ञात होता है कि, उस समय कन्नौज पर प्रतिहारों का अधिकार

---

(१) एनाल्स ऐण्ड ऐण्टिक्विटीज़ ऑफ राजस्थान (क्रुक सपादित), भा० २, पृष्ठ ९३०
(२) भारत के प्राचीन राजवश, भाग २, पृ० २८१-२९७
(३) भारत के प्राचीन राजवश, भाग २, पृ० ३७१
(४) भारत के प्राचीन राजवश, भाग २, पृ० ३३८
(५) भारत के प्राचीन राजवश, भाग २, पृ० ३७६
(६) इण्डियन ऐण्टिक्वेरी, भाग १८, पृ० ३४
(७) एशियाटिक रिसर्चेज़, भाग ९, पृ० ४३३

था। इसके बाद राष्ट्रकूट चन्द्रदेव ने, जिसके वंशज गाधिपुर (कन्नौज) के स्वामी होने से बाद में गाहड़वाल के नाम से प्रसिद्ध हुए, वि. सं. ११११ (ई. स. १०५४) में बदायू पर अधिकार कर, अन्त में कन्नौज पर भी अधिकार करलिया[1]।

इन गाहड़वालों के करीब ७० ताम्रपत्र और लेख मिले हैं। इन में इनको सूर्यवंशी लिखा है। "गाहडवाल" वंश का उल्लेख केवल गोविन्दचन्द्र के, युवराज अवस्था के, वि. सं. ११६१, ११६२ और ११६६ के, तीन ताम्रपत्रों में, और उसकी रानी कुमारदेवी के लेख में मिलता है। यद्यपि इनके ताम्रपत्रों में राष्ट्रकूट या रट्ट शब्द का प्रयोग नहीं किया गया है, तथापि ये लोग राष्ट्रकूटों की ही एक शाखा के थे। इस विषय पर पहले, स्वतन्त्र रूप से, विचार किया जा चुका[3] है।

काशी, अवध, और शायद इन्द्रप्रस्थ (देहली) परभी इनका अधिकार[4] रहा था।

१ यशोविग्रह

यह सूर्य-वंश में उत्पन्न हुआ था। इस वंश का सब से पहला नाम यही मिलता है।

---

(१) जर्नल रॉयल एशियाटिक सोसाइटी ऑफ ग्रेट ब्रिटेन ऐण्ड आयर्लैण्ड, जनवरी सन् १९३०, पृष्ठ ११५-११६

(२) दक्षिण के राष्ट्रकूट ध्रुवराज का राज्य, वि० सं० ८४२ और ८५० के बीच, उत्तर में अयोध्या तक पहुँच गया था। इसके बाद कृष्णराज द्वितीय के समय, वि० सं० ९३२ और ९७१ के बीच, उसकी सीमा बढ़कर गङ्गा के तट तक फैल गयी थी, और कृष्णराज तृतीय के समय, वि० सं० ९९७ और १०२१ के बीच, उसने गङ्गा को पार कर लिया था। सम्भव है इसी समय के बीच उनके किसी वंशज को या कन्नौज के पुराने राजघराने के किसी पुरुष को वहां पर जागीर मिली हो, और उसी के वंश में कन्नौज विजेता चन्द्रदेव उत्पन्न हुआ हो।

(३) जर्नल रायल एशियाटिक सोसाइटी, जनवरी १९३०, पृ० १११-१२१

(४) वी० ए० स्मिथ की अर्ली हिस्ट्री ऑफ इण्डिया, पृ० ३८४

२ महीचन्द्र

यह यशोविग्रह का पुत्र था। इस को महियल, महिअल, या महीतल भी कहते थे।

३ चन्द्रदेव

यह महीचन्द्र का पुत्र था।

इसके, वि. स. ११४८ (ई. स. १०९१), वि. स. ११५०[1] (ई. स० १०९३), और वि. स. ११५६ (ई स. ११००) के, तीन ताम्रपत्र[2] चन्द्रावती से मिले हैं।

इसके वंशजो के ताम्रपत्रों से प्रकट होता है कि, इसने मालवे के परमार नरेश भोज[3], और चेदिके कलचुरि (हैहयवंशी) नरेश कर्ण के मरने पर उत्पन्न हुई अराजकता को दबाकर कन्नोज को अपनी राजधानी बनाया था। इसके पहले ताम्रपत्र से अनुमान होता है कि, इसने वि. स. ११११ (ई. स. १०५४) के करीब बदायू पर अधिकार कर कुछ काल बाद प्रतिहारों से कन्नोज भी छीनलियों था।

---

(१) वि० सं० ११५० के ताम्रपत्र में कन्नोज के प्रतिहार राजा देवपाल का भी उल्लेख है - "श्रीदेवपालनृपतिम्त्रिजगत्प्रगीत"। देवपाल का, वि० स० १००५ (ई० स ९४८) का, एक लेख मिला है। (ऐपिग्राफिया इण्डिका, भा० १, पृ. १७७)

(२) ऐपिग्राफिया इण्डिका, भा० ९, पृ० ३०२, और भा० १४, पृ० १९३-२०९

(३) "याते श्रीभोजभूपे विवु (बु) धवरवधूनेत्रसीमातिथित्व
श्रीकर्णे कीर्तिशेष गतवति च नृपे क्ष्मात्यये जायमाने।
भर्तार य व (घ) रित्री त्रिदिवविभुनिभ प्रीतियोगादुपेता
त्राता विश्वासपूर्व समभवदिह स क्ष्मापतिश्चन्द्रदेव ॥ ३॥"

अर्थात्-पृथ्वी स्वय, भोज और कर्ण के मरने पर उत्पन्न हुई गड़बड़ से दुखित होकर, चन्द्रदेव की शरण में गयी।

कुछ ऐतिहासिक यहा पर भोज से प्रतिहार भोज का तात्पर्य लेते हैं।

(४) भारत के प्राचीन राजवंश, भा० १, पृ० ५०

(५) कुछ लोग वि० स० ११३५ (ई० स० १०७८) के करीब चन्द्र का कन्नौज लेना अनुमान करते हैं।

इस ने सुवर्ण के अनेक तुलादान भी किये थे। काशी, कुशिक (कन्नौज), उत्तर कोशल (अवध), और इन्द्रप्रस्थ (देहली) पर इसका अधिकार था। इसी ने काशी में आदिकेशव नाम के विष्णुका मन्दिर बनवाया था।

इसके पुत्र मदनपाल का, वि. सं. ११५४ (ई. स. १०९७) का, एक ताम्रपत्र मिला है। इसमें चन्द्रदेव के दिये दान का उल्लेख है। इस से ज्ञात होता है कि, यद्यपि चन्द्रदेव उस समय विद्यमान था, तथापि उसने, अपने जीतेजी, अपने पुत्र मदनपाल को राज्य का अधिकार सौंप दिया था।

चन्द्रदेव की निम्नलिखित उपाधियां मिली हैं -

परमभट्टारक, महाराजाधिराज, परमेश्वर, परममाहेश्वर। इसका दूसरा नाम चन्द्रादित्य था।

इसके दो पुत्र थे.-मदनपाल, और विग्रहपाल। शायद इसी विग्रहपाल से बदायू की शाखा चली होगी।

४ मदनपाल

यह चन्द्रदेव का बड़ा पुत्र था, और उसके बाद गद्दी पर बैठा। इसके समय के पाँच ताम्रपत्र मिले हैं।

इनमें का पहला ताम्रपत्र पूर्वोक्त वि. स ११५४ (ई. स. १०९७) को है।

दूसरा[3] वि. स. ११६१ (ई. स. ११०४) का इसके पुत्र (महाराज-पुत्र) गोविन्दचन्द्र का है। इस में "तुरुष्कदण्ड" सहित बसाही नामक गाव के दान का उल्लेख है। इससे ज्ञात होता है कि, जिसप्रकार मुसलमान शासकों ने अपने राज्य में रहनेवाले हिन्दुओ पर "जजिया" नामक 'कर' लगाया था, उसी प्रकार मदनपाल ने भी अपने राज्य के मुसलमानों पर "तुरुष्कदण्ड" नामका 'कर' लगाया था। इसी ताम्रपत्र में पहले पहल इन राजाओं को गाहड़वाल वंशी लिखा है।

---

(१) इण्डियन ऐण्टिक्केरी, भा॰ १८, पृ॰ ११
(२) इण्डियन ऐण्टिक्केरी, भा॰ १८, पृ॰ ११
(३) इण्डियन ऐण्टिक्केरी, भा॰ १४, पृ॰ १०३

तीसरा, वि. स. ११६२ (ई स ११०५) का, ताम्रपत्र भी "महाराज-पुत्र" गोविन्दचन्द्र को है। इस में मदनपाल की पटरानी का नाम राह्लदेवी लिखा है। गोविन्दचन्द्र का जन्म इसी के उदर से हुआ था। (इस में भी गाहड़वाल वश का उल्लेख है।)[३]

चौथा वि. स. ११६३ (वास्तव में वि स ११६४) (ई स ११०७) का ताम्रपत्र स्वयं मदनपालदेव का है। इस में इस की रानी का नाम पृथ्वीश्री-का लिखा है।

पाँचवाँ वि स ११६६ (ई स ११०९) का है। यह भी "महाराज-पुत्र" गोविन्दचन्द्रदेव का है, और इस में भी गाहडवालवश का उल्लेख किया गया है।

इस राजा का दूसरा नाम मनदेव था। इसकी आगे लिखी उपाधियाँ मिलती हैं—परमभट्टारक, परमेश्वर, परममाहेश्वर, और माहाराजाधिराज।

मदनपाल ने अनेक युद्धों में विजय प्राप्त की थी।

उपयुक्त ताम्रपत्रों से ज्ञात होता है कि, इस ने भी वृद्धावस्था आने पर अपने पुत्र गोविन्दचन्द्रदेव को राज्य का कार्य सौंपदिया था।

मदनपाल के चांदी के सिक्के।

इन पर सीधी तरफ घुड़सवार का चित्र, और अस्पष्ट अक्षर बने होते हैं। उलटी तरफ बेल की आकृति, और किनारे पर "माधवश्रीसामन्त" लिखा रहता है।

इन सिक्कों का व्यास (Diameter) आधे इञ्च से कुछ छोटा होता है, और इनकी चाँदी अशुद्ध होती है।

---

(१) ऐपिग्राफिया इण्डिका, भाग २, पृ० ३५९

(२) इसको राहणदेवी भी कहते थे।

(३) जर्नल रॉयल एशियाटिक सोसाइटी, (१८९६), पृ० ७८७

(४) इण्डियन ऐण्टिक्वेरी, भाग १८, पृ० १५

(५) कैटलॉग ऑफ दि कौइन्स इन दि इण्डियन म्यूज़ियम, कलकत्ता, भा. १, पृ २६०

मदनपाल के तांबे के सिक्के ।

इन पर सीधी तरफ घुड़सवार की भद्दी तसवीर बनी होती है, और किनारे पर " मदनपालदेव " लिखा रहता है। उलटी तरफ चाँदी के सिक्कों की तरह का बैल और " माधवश्रीसामन्त " लिखा रहता है।

इनका व्यास आधे इञ्च से कुछ बड़ा होता है।

५–गोविन्दचन्द्र

यह मदनपाल का बड़ा पुत्र था, और उसके पीछे उसका उत्तराधिकारी हुआ। इसके समय के ४२ ताम्रपत्र, और २ लेख मिले हैं।

इनमेंका पहला ताम्रपत्र वि. सं. ११६१ (ई. स. ११०४) का, दूसरा वि. सं. ११६२ (ई. स. ११०५) का, और तीसरा वि. सं. ११६६ (ई. स. ११०९) का है। इन तीनों का उल्लेख इसके पिता मदनपालदेव के इतिहास में किया जा चुका है। उस समय तक यह युवराज ही था। इसलिए इसका राज्य वि. सं. ११६७ (ई. स. १११०) से आरम्भ हुआ होगा।

चौथा, पाचवाँ, और छठा ताम्रपत्र वि. सं. ११७१ (ई. स. १११४) का है। इन में से चौथे का एक पत्र ही मिला है। सातवाँ वि. सं. ११७२ (ई. स. १११६) का, और आठवाँ वि. सं. ११७४ (ई. स. १११७) का है। यह देवस्थान से दिया गया था। इस में इसकी हस्ति–सेना का उल्लेख

---

(१) कैटलॉग ऑफ दि कौइन्स इन दि इण्डियन म्यूजियम, कलकत्ता, भाग १, पृ. २६०, प्लेट २६ नं० १७

(२) इस से ज्ञात होता है कि, गोविन्दचन्द्र ने गौड़ों को हराया था। इसकी वीरता से हम्मीर (अमीर–मुसलमान) भी घबराते थे।

(३) लिस्ट ऑफदि इन्सक्रिपशन्स ऑफ नॉर्दन इण्डिया, नं० ६६२; ऐपिग्राफिया इण्डिका, भा. ४, पृ. १०२; और भाग ८, पृ. १५३। इनमें का दूसरा वाराणसी (बनारस) से दिया गया था।

(४) ऐपिग्राफिया इण्डिका, भाग ४, पृ. १०४

(५) ऐपिग्राफिया इण्डिका, भाग ४, पृ. १०५

है। नैवाँ वि. सं. ११७४ (वास्तव में ११७५) (ई. स. १११९) का; दसैवां वि. सं. ११७५ (ई. स. १११९) का; और ग्यारहवां, वारहवां, और तेरहवां वि. सं. ११७६ (ई. स. १११९) का है। ये क्रमशः गङ्गा तट पर के खयरा, ममदलिपा, और बनारस से दिये गये थे।

ग्यारहवें ताम्रपत्र में इसकी पटरानी का नाम नयनकेलिदेवी लिखा है। चौदहवां, और पंद्रहवां वि. सं. ११७७ (ई. स. ११२०) का है। सोलैहवाँ वि. सं. ११७८ (ई. स. ११२२) का, और सत्रहैवाँ वि. सं ११८० (ई. स. ११२३) का है। इसमें इसकी अन्य उपाधियों के साथ ही अश्वपति, गजपति, नरपति, राजत्रयाधिपति, विविधविद्याविचारवाचस्पति आदि विरुद भी लिखे हैं। अट्ठारहवाँ वि. सं. ११८१ (ई. स. ११२४) का है। इसमें इसकी माता का नाम राल्हणदेवी लिखा है। उन्नीसवाँ वि. सं. ११८२ (ई. स. ११२५) का है। यह गङ्गा तट पर के मदप्रतीहार स्थान से दिया गया था। बीसवाँ भी वि. सं. ११८२ (वास्तव में ११८३) (ई. स. ११२७) का है। यह गङ्गा तट पर के ईशप्रतिष्ठान से दिया गया था। इक्कीसवां वि. सं. ११८३ (ई. स.

---

(१) इण्डियन ऐण्टिक्वेरी, भाग १८, पृ. १९

(२) ऐपिग्राफिया इण्डिका, भा॰ ४, पृ. १०६

(३) ऐपिग्राफिया इण्डिका, भाग ४, पृ. १०८; भा. १८, पृ. २२०; और भा. ४, पृ. १०९

(४) जर्नल बंगाल एशियाटिक सोसाइटी, भाग ३१, पृ. १२३; और ऐपिग्राफिया इण्डिका, भा॰ १८, पृ॰ २२५

(५) ऐपिग्राफिया इण्डिका, भाग ४, पृ. ११०

(६) जर्नल बंगाल एशियाटिक सोसाइटी, भाग ५६, पृ. १०८। डाक्टर भण्डारकर इसको वि. सं. ११८७ का मानते हैं।

(७) जर्नल बंगाल एशियाटिक सोसाइटी, भाग ५६, पृ. ११४

(८) ऐपिग्राफिया इण्डिका, भाग ४, पृ. १००

(९) जर्नल बंगाल एशियाटिक सोसाइटी, भाग २७, पृ. २४२

(१०) जर्नल बिहार ऐण्ड ओड़ीसा रिसर्च सोसाइटी, भा. २, पृ. ४४५

११२३) का, और बाईसवाँ वि. सं. ११८४ (ई. स. ११२७) का है। तेईसवाँ वि. सं. ११८५ (ई. स. ११२९) का है। चौबीसवाँ और पचीसवाँ वि. सं. ११८६ (ई. स. ११३०) का है। छब्बीसवाँ वि. सं. ११८७ (ई. स. ११३०) का है; सत्ताईसवाँ वि. सं. ११८८ (ई. स. ११३१) का है; अट्ठाईसवाँ वि. सं. ११८९ (ई. स. ११३३) का है; उन्तीसवाँ और तीसवाँ वि. सं. ११९० (ई. स. ११३३) का है; और इकत्तीसवाँ वि. सं. ११९१ (ई. स. ११३४) का है। यह (पिछला) ताम्रपत्र सिंगर वंशी "माहाराजपुत्र" वत्सराजदेव का है; जिसको लोहडदेव भी कहते थे, और जो गोविन्दचन्द्र का सामन्त था।

बत्तीसवाँ वि. सं. ११९६ (ई. स. ११३९) का; तेतीसवाँ वि. सं. ११९७ (ई. स. ११४१) का; और चौतीसवाँ वि. सं. ११९८ (ई. स. ११४१) का है। इस (चौतीसवें ताम्रपत्र) में लिखा दान इस (गोविन्दचन्द्र) की बड़ी रानी राह्लणदेवी की प्रथम संवत्सरी पर दिया गया था। पैंतीसवाँ वि. सं. ११९९ (ई. स. ११४३) का है। इस में गोविन्दचन्द्र के पुत्र (महाराजपुत्र) राज्यपालदेव[13] का उल्लेख है। छत्तीसवाँ वि. सं. १२०० (ई.

---

(१) ऐपिग्राफिया इण्डिका, भाग ४ पृ. १११

(२) जर्नल बंगाल एशियाटिक सोसाइटी, भाग ५६, पृ. ११६

(३) लखनऊ म्यूज़ियम रिपोर्ट, सन् १९१४-१५, पृ. ४-१०; ऐपिग्राफिया इण्डिका, भा. १३, पृ. २९७, और भा. ११, पृ. २२

(४) ऐपिग्राफिया इण्डिका, भा. ८, पृ. १५३

(५) इण्डियन ऐण्टिक्वेरी, भाग १९, पृ. २४९

(६) ऐपिग्राफिया इण्डिका, भाग ५, पृ. ११४

(७) ऐपिग्राफिया इण्डिका, भाग ८, पृ. १५५; और भाग ४, पृ. ११२

(८) ऐपिग्राफिया इण्डिका, भाग ४, पृ १११

(९) ऐपिग्राफिया इण्डिका, भाग २, पृ. ३६१

(१०) ऐपिग्राफिया इण्डिका, भाग ४, पृ ११४

(११) ऐपिग्राफिया इण्डिका, भाग ४, पृ. ११३

(१२) इण्डियन ऐण्टिक्वेरी, भाग १८, पृ २१

(१३) यह नयनकेलिदेवी का पुत्र था, और सम्भवतः अपने पिता के जीतेजी ही मरगया होगा।

(१४) ऐपिग्राफिया इण्डिका, भाग ४, पृ. ११५

स. ११४४) का है; सैंतीसवाँ वि. स. १२०१ (ई. स. ११४६) का है; अडतीसवाँ वि. स. १२०२ (ई. स. ११४६) का है; उचालीसवा वि. स. १२०३ (ई. स. ११४६) का है; और चालीसवा वि. स. १२०७ (ई. स. ११५०) का है।

इसके समय का पहला लेख (स्तम्भलेख) वि. स. १२०७ (ई. स. ११५१) का है। यह हाथियदह से मिला है। इसमें इसकी रानी का नाम गोसल्लदेवी लिखा है।

इसके समय का इकतालीसवाँ ताम्रपत्र वि स १२०८ (ई. स. ११५१) का है। इसमें इसकी पटरानी गोसल्लदेवी के दिये दान का उल्लेख है। इससे यह भी प्रकट होता है कि, इस रानी को राज्य में हर तरह का मान प्राप्त था। बयालीसवाँ ताम्रपत्र वि. स १२११ (ई. स. ११५४) का है।

इस प्रकार इसकी वि. स. ११६१ (ई. स. ११०४) से वि. स. १२११ (ई. स. ११५४) तक की प्रशस्तिया मिली हैं।

गोविन्दचन्द्र की रानी कुमारदेवी का एक लेख सारनाथ से मिला है। यह कुमारदेवी पीठिका के छिक्कोरवशी राजा देवरक्षित की कन्या थी, और इसने एक मन्दिर बनवा कर धर्मचक्रजिन को समर्पण किया था।

---

(१) ऐपिग्राफिया इण्डिका, भाग ५, पृ. ११५

(२) ऐपिग्राफिया इण्डिका, भाग ७, पृ. ९९

(३) ऐपिग्राफिया इण्डिका भाग ८, पृ १५७

(४) ऐपिग्राफिया इण्डिका, भाग ८, पृ १५९

(५) आर्कियालॉजिकल सर्वे ऑफ इण्डिया रिपोर्ट, भाग १, पृ ९६

(६) कीलहार्न्स लिस्ट ऑफ इन्सक्रिपशन्स ऑफ नॉर्दर्न इण्डिया, पृ १९, न १३१, और ऐपिग्राफिया इण्डिका भा ५, पृ. ११७

(७) ऐपिग्राफिया इण्डिका, भाग ४, पृ ११६

(८) ऐपिग्राफिया इण्डिका, भाग ९, पृ ११९-१२८

(९) यह कुमारदेवी बौद्धमत की माननेवाली थी। नेपाल राज्य के पुस्तकालय में सुरक्षित 'अष्टसाहिका' नाम की हस्तलिखित पुस्तक में लिखा है
"श्रीमद्गोविन्दचन्द्रदेवप्रवर्धमानविजयराज्ये श्री प्रवरमहायानयायिन्याः परमोपासिकाराज्ञीवसन्तदेव्या देयधर्मोऽयम्।"
इस से ज्ञात होता है कि, गोविन्दचन्द्र की एक रानी का नाम वसन्तदेवी था, और

गोविन्दचन्द्र के दानपत्रों की संख्या को देखने से अनुमान होता है कि, यह बड़ा प्रतापी और दानी राजा था। सम्भवतः कुछ समय के लिए यह उत्तरी हिन्दुस्तान का सबसे बड़ा राजा होगया था, और बनारस पर भी इसी का अधिकार था।

काश्मीर नरेश जयसिंह के मन्त्री अलङ्कार ने जिस समय एक बड़ी सभा की थी, उस समय इसने सुहल को अपना राजदूत बनाकर भेजा था।

मङ्खकवि कृत 'श्रीकण्ठचरित' काव्य में इसका उल्लेख है:—

"अन्यः स सुहलस्तेन ततोऽवन्द्यत पण्डितः।
दूतो गोविन्दचन्द्रस्य कान्यकुब्जस्य भूभुजः॥ १०२॥"

(श्रीकण्ठचरित, सर्ग २५)

अर्थात्—उसने, कान्यकुब्ज नरेश गोविन्दचन्द्र के दूत, पण्डित सुहल को नमस्कार किया।

यह गोविन्दचन्द्र भारत पर आक्रमण करनेवाले म्लेच्छों (तुर्कों) से लड़ा था, और इसने चेदि और गौड़देश पर भी विजय प्राप्त की थी। इसके नामके साथ लगी "विविधविद्याविचारवाचस्पति" उपाधि से ज्ञात होता है कि, यह विद्वानों का आश्रयदाता होने के साथ ही स्वयं भी विद्वान् था।

इसी (गोविन्दचन्द्र) की आज्ञा से इसके सान्धिविग्रहिक (minister of peace and war) लक्ष्मीधर ने 'व्यवहारकल्पतरु' नामक ग्रन्थ बनाया था।

इस राजा के तीन पुत्रों के नाम मिलते हैं—विजयचन्द्र, राज्यपाल, और आस्फोटचन्द्र।

यह भी बौद्धमत की महायान शाखा की अनुयायिनी थी। कुछ लोग कुमारदेवी का ही दूसरा नाम वसन्तदेवी अनुमान करते हैं। सन्ध्याकरनन्दी रचित 'रामचरित' में कुमारदेवी के नाना महण (मथन) को राष्ट्रकूटवंशी लिखा है। (उपर्युक्त लेख में भी गाहड़वाल वंश का उल्लेख है।)

(१) बनारस के पास से मिले २१ ताम्रपत्रों में से १४ ताम्रपत्र इसी के थे।

(२) ये शायद लाहौर (पंजाब) की तरफ से बढ़ने वाले तुर्क होंगे।

मिस्टर वी. ए. स्मिथ इसका समय ई. स. ११०४ से ११५५ (वि. सं. ११६१ से १२१२) तक अनुमान करते हैं। परन्तु इसका पिता मदनपाल वि. स. ११६६ (ई. स. ११०९) तक जीवित था, इसलिए उस समय तक यह युवराज ही था।

इसके सोने, और तावे के सिक्के मिले है। यद्यपि सोने के सिक्कों का सुवर्ण बहुत खराब है, तथापि ये अधिक सख्या में मिलते हैं। बगाल नौर्थ-वैस्टर्न रेलवे बनाते समय, वि. स १९४४ (ई. स. १८८७) में, नानपारा गाव (बहराइच-अवध) से भी ऐसे ८०० सोने के सिक्के मिले थे।

गोविन्दचन्द्र के सोने के सिक्के

इन पर सीधी तरफ़ लेख की तीन पक्तिया होती हैं। उनमें से पहली में "श्रीमद्गो," दूसरी में "विन्दचन्द्र," और तीसरी में "देव" लिखा रहता है। इसी तीसरी पक्ति में एक त्रिशूल भी बना होता है। सम्भवत यह टकसाल का चिह्न होगा। उलटी तरफ बैठी हुई लक्ष्मी की (भद्दी) मूर्ति बनी होती है। इनका आकार भारत में प्रचलित चादी की चवन्नी से कुछ बड़ा होता है।

गोविन्दचन्द्र के तांबे के सिक्के

इन पर सीधी तरफ़ लेख की दो पक्तिया होती हैं। पहली में "श्रीमद्गो," और दूसरी में "विन्दचन्द्र" लिखा रहता है। उलटी तरफ़ बैठी हुई लक्ष्मी की मूर्ति बनी होती है। परन्तु यह बहुत ही भद्दी होती है। ये सिक्के बहुत कम मिलते हैं। इनका आकार करीन-करीन पूर्वोक्त चवन्नी के बराबर ही होता है।

---

(१) अर्ली हिस्ट्री ऑफ इण्डिया (चतुर्थ सस्करण), पृ० ४००

(२) कैटलॉग ऑफ दि कौइन्स इन दि इण्डियन म्यूजियम, कलकत्ता भा. १, पृ २६० - २६१, प्लेट २६, न० १८

(३) कैटलॉग ऑफ दि कौइन्स इन दि इण्डियन म्यूजियम, कलकत्ता भा० १, पृ० २६१

६ विजयचन्द्र

यह गोविन्दचन्द्र का पुत्र, और उत्तराधिकारी था। इसको मल्लदेव[1] भी कहते थे।

इसके समय के दो ताम्रपत्र, और दो लेख मिले हैं। इनमें का पहला ताम्रपत्र[2] वि. सं. १२२४ (ई. स. ११६८) का है। इसमें इसकी उपाधि माहाराजाधिराज, और इसके पुत्र जयचन्द्र की युवराज लिखी है। इसमें विजयचन्द्र के मुसलमानों पर विजय प्राप्त करने का उल्लेख[3] भी है। दूसरा ताम्रपत्र[4] वि. सं. १२२५ (ई. स. ११६९) का है। इसमें भी पहले के समान ही इसका, और इसके पुत्र का उल्लेख है।

इसका पहला लेख[5] वि. सं. १२२५ (ई. स. ११६९) का है। इसमें इसके पुत्र का नाम नहीं है। दूसरा[6] लेख भी वि. सं. १२२५ (ई. स. ११६९) का ही है। यह महानायक प्रतापधवलदेव का है। इसमें विजयचन्द्र के एक नकली दानपत्र का उल्लेख है।

यह राजा वैष्णवमतानुयायी था, और इसने विष्णु के अनेक मन्दिर बनवाये[7] थे। इसकी रानी का नाम चन्द्रलेखा था। इस राजा ने अपने जीतेजी ही अपने पुत्र जयचन्द्र को, राज्य का कार्य सौंप, युवराज बनालिया था। इसकी सेना में हाथियों, और घोड़ों की अधिकता थी। जयचन्द्र के लेख में विजयचन्द्र का दिग्विजय करना भी लिखा है। परन्तु वि. सं. १२२० के चौहान विग्रहराज चतुर्थ के लेख में उस (विग्रहराज) की विजय का वर्णन[8] है। इसलिए यदि विजयचन्द्र ने कोई प्रदेश जीता होगा तो इसके पूर्व ही जीता होगा।

---

(१) रम्भामञ्जरी नाटिका, पृ० ६

(२) ऐपिग्राफिया इण्डिका, भाग ४, पृ० ११८

(३) "भुवनदलनहेलाहर्म्यहम्मीरनारीनयनजलदधाराधौतभूलोकतापः"
इससे प्रकट होता है कि, शायद इसने गज़नी के खुसरो से युद्ध किया था; क्योंकि खुसरो उस समय लाहौर में बस गया था।

(४) इण्डियन ऐण्टिक्वेरी, भा० १५, पृ० ७

(५) आर्कियालॉजिकलसर्वे ऑफ इण्डिया रिपोर्ट, भा० ११, पृ० १२५

(६) जर्नल अमेरिकन ओरिएण्टल सोसाइटी, भाग ६, पृ० ५४८

(७) इन मन्दिरों के भग्नावशेष जौनपुर में अबतक विद्यमान हैं।

(८) भारत के प्राचीन राजवंश, भाग १, पृ० २४४

'पृथ्वीराजरासो' में इसका नाम विजयपाल लिखा है।

७ जयचन्द्र

यह विजयचन्द्र का पुत्र था, और उसके बाद राज्य का स्वामी हुआ।

जिस दिन यह पैदा हुआ था, उसी दिन इसके दादा गोविन्दचन्द्र ने दशार्ण देश पर विजय पायी थी। इसीसे इसका नाम जैत्रचन्द्र (जयन्तचन्द्र या जयचन्द्र) रक्खा गया था।

वि. स. १२२४ के, पूर्वोल्लिखित, विजयचन्द्र के दानपत्र से प्रकट होता है कि, यह पिता के जीतेजी ही युवराज बनादिया गया था।

नयचन्द्रसूरि कृत 'रम्भामञ्जरी नाटिका' की प्रस्तावना में लिखा है—

"अभिनवरामावतारश्रीमन्मदनवर्ममेदिनीदयितसाम्राज्यलक्ष्मी-करेणुकालानस्तम्भायमानबाहुदण्डस्य"

अर्थात्—जिसके बाहुदण्ड मदनवर्मदेव की राज्यलक्ष्मी रूपी हथनी को बांधने के लिए स्तम्भरूप थे।

इससे प्रकट होता है कि, सम्भवत इसने कालिंजर के चन्देल राजा मदन-

---

(१) "जाओ जम्मि दिणम्मि एस सुकिदी चन्दं जुए भाइणा
पत्त तम्मि दसण्णगेसु पवलं जं खप्पराणं बलम्।
जित्त झत्ति पियामहेण पहुणा जैत्तति नाम तओ
दिन्न जस्स स भग्ग वेरिदलणो दिट्ठो जयन्तप्पहू॥"

संस्कृतच्छाया—

"जातो यस्मिन्दिने एष सुकृती चन्द्रे युते भ्रातृजिता
प्राप्तं तस्मिन् दशार्णकेषु प्रबलं यत् खर्पराणां बलम्।
जितं झटिति पितामहेन प्रभुणा जैत्रेति नाम ततः
दत्तं यस्य स भग्न वैरिदलन, दृष्टः जैत्रप्रभुः॥
....
श्रीभरतकुलप्रदीपाय श्रीजैत्रचन्द्रनरेन्द्राय.."

(रम्भामञ्जरी नाटिका, पृ० २३-२४)

(२) पृ० ४

वर्मदेव को हराकर उसके राज्य पर अधिकार करलिया था। इसी प्रकार इसने गोरों को जीतकर उनसे गोर छीन लिया था।

इसके समय के करीब १४ ताम्रपत्र, और दो लेख मिले हैं। इनमें का पेहला ताम्रपत्र वि. सं. १२२६ (ई. स. ११७०) का है। यह वडविह गांव से दिया गया था। इसमें इसके "राज्याभिषेक" का वर्णन है; जो वि. सं. १२२६ की आषाढ शुक्ला ६ रविवार (ई. स. ११७० की २१ जून) को हुआ था। दूसरा वि. सं. १२२८ (ई. स. ११७२) का है। यह त्रिवेणी के सङ्गम (प्रयाग) पर दिया गया था। तीसरा वि. सं. १२३० (ई. स. ११७३) का है। यह वाराणसी (बनारस) से दिया गया था। चौथा वि. सं. १२३१ (ई. स. ११७४) का है। यह काशी से दिया गया था। इसमें की पिछली इकत्तीसवीं, और बत्तीसवीं पंक्तियों से इस ताम्रपत्र का वि. सं. १२३५ (ई. स. ११७९) में खोदा जाना प्रकट होता है।

पांचवां वि. सं. १२३२ (ई. स. ११७५) का है। इसमें महाराजाधिराज जयचन्द्रदेव के पुत्र का नाम हरिश्चन्द्र लिखा है। इसी के "जातकर्म" संस्कार पर, बनारस में, इस ताम्रपत्र में लिखा दान दिया गया था। इसकी पिछली ३१ वीं और ३२ वीं पंक्तियों से इस दानपत्र का भी वि. सं. १२३५ (ई. स. ११७९) में खोदा जाना सिद्ध होता है। छठा ताम्रपत्र भी वि. सं. १२३२ (ई. स. ११७५) का ही है। इस में लिखा दान हरिश्चन्द्र के "नामकरण" संस्कार पर दिया गया था।

(१) इस का अन्तिम दानपत्र वि. स. १२१९ (ई. स. ११६३) का है, और इसके उत्तराधिकारी परमर्दिदेव का पहला दानपत्र वि. स. १२२३ (ई. स. ११६७) का है। इसलिए यह विजय इसने युवराज अवस्था में ही प्राप्त की होगी।

(२) ऐपिग्राफिया इण्डिका, भा० ४, पृ० १२१

(३) ऐपिग्राफिया इण्डिका, भा० ४, पृ० १२२

(४) ऐपिग्राफिया इण्डिका, भाग ४, पृ० १२४

(५) ऐपिग्राफिया इण्डिका, भाग ४, पृ० १२५

(६) ऐपिग्राफिया इण्डिका, भाग ४, पृ० १२७

(७) इण्डियन ऐण्टिक्वेरी, भाग १८, पृ० १३०

सातवाँ, आठवाँ, और नवाँ वि. सं. १२३३ (ई. स. ११७७) का है। दसवाँ वि. स. १२३४ (ई. स. ११७७) का है। ग्यारहवाँ, बारहवा, और तेरहवाँ वि. स. १२३६ (ई. स. ११८०) का है। ये तीनों गङ्गातट पर के रणडवै गांव से दिये गये थे। चौदहवाँ वि. स. १२४३ (ई. स. ११८७) का है।

इसके समय का पहला लेख वि. स. १२४५ (ई. स. ११८९) का है। यह मेओहड (इलाहबाद के पास) से मिला है। इसके समय का दूसरा लेख बुद्धगया से मिला है। यह बौद्ध लेख है, और इसमें भी इस राजा का उल्लेख है। इसमें के संवत् का चौथा अक्षर बिगड़ जाने से पढ़ा नहीं जाता। केवल अगले तीन अक्षर वि. सं. १२४x ही पढे जाते हैं।

यह राजा बड़ा प्रतापी था, और इसकी सेना के बहुत बड़ी होने से ही लोगों ने इसका नाम "दलपगुलें" रखदिया था।

---

(१) ऐपिग्राफिया इण्डिका, भाग ४, पृ० १२६
(२) इण्डियन ऐण्टिक्केरी, भाग १८, पृ० १३५
(३) इण्डियन ऐण्टिक्केरी, भाग १८, पृ० १३७
(४) इण्डियन ऐण्टिक्केरी, भाग १८, पृ० १३८
(५) इण्डियन ऐण्टिक्केरी, भाग १८, पृ० १४०
(६) इण्डियन ऐण्टिक्केरी, भाग १८, पृ० १४१
(७) इण्डियन ऐण्टिक्केरी, भाग १८, पृ० १४२
(८) इण्डियन ऐण्टिक्केरी, भाग १५, पृ० १०
(९) ऐन्यूअल रिपोर्ट ऑफ दि आर्कियालॉजिकल सर्वे ऑफ इण्डिया, (ई. स १९२१-१९२२), पृ० १२०–१२१.
(१०) प्रोसीडिंग्स ऑफ दि बंगाल एशियाटिक सोसाइटी, (१८८०), पृ० ७७

"अप्रतिमल्लप्रतापस्य श्रीमन्मल्लदेवतनुजन्मन सतीमल्लिकाश्रीचन्द्रलेखाकुक्षि-शुक्तिमुक्तामणे गङ्गायमुनास्रोतस्विनीयष्टिद्वयमन्तरेण रिपुमेदिनीदयितदत्त-दैन्यसैन्यसागरवर प्रचालयितुमक्षमत्वात्पङ्गुरितिप्राप्तगुरुविरुदस्य श्रीमज्जैत्रचन्द्र-नरेश्वरस्य"

(रम्भामञ्जरी नाटिका, पृ० ६)

अर्थात्–सेनाकी विशालता के कारण गंगा और यमुना रूपी दो लकड़ियों की सहायता के बिना उसका परिचालन न हो सकने से 'पगु' कहाने वाले जैत्रचन्द्र के·· इसी अवतरण से जयचन्द्र के पिता का दूसरा नाम (या उपाधि) मल्लदेव और माता का चन्द्रलेखा होना पाया जाता है।

'नैषधीयचरित' नामक प्रसिद्ध काव्य का कर्ता कवि श्रीहर्ष इसीकी सभा का पण्डित था। उस काव्य के प्रत्येक सर्ग के अन्तिम श्लोक में कवि ने अपनी माता का नाम मामल्लदेवी, और पिता का नाम हीर लिखा है:–

" श्रीहर्षं कविराजराजिमुकुटालङ्कारहीरः सुतं।
श्रीहीरः सुषुवे जितेन्द्रियचयं मामल्लदेवी च यम्।"

अर्थात्–पिता हीर, और माता मामल्लदेवी से श्रीहर्ष का जन्म हुआ था।

'नैषधीयचरित' के अन्त में लिखा है:–

" ताम्बूलद्वयमासनं च लभते यः कान्यकुब्जेश्वरात्।"

अर्थात्–श्रीहर्ष को कान्यकुब्ज नरेश की सभा में जाने पर बैठने के लिए आसन, और (आते और जाते समय) खाने को दो पान मिलते थे।

यद्यपि 'नैषधीयचरित' में जयचन्द्र का नाम नहीं है, तथापि राजशेखरसूरि-रचित 'प्रबन्धकोश' से श्रीहर्षका कन्नौज नरेश जयचन्द्र की सभा में होना सिद्ध होता है। (यह कोश वि. स. १४०५ में लिखा गया था।)

इसी श्रीहर्ष ने 'खण्डनखण्डखाद्य' भी लिखा था।

'द्विरूपकोश' के अन्त में लिखा है.–

" इत्थं श्रीकविराजराजमुकुटालङ्कारहीरार्पित–
श्रीहीरात्मभवेन नैषधमहाकाव्ये ज्वलत्कीर्तिना।
औद्धत्यप्रतिवादिमस्तकतटीविन्यस्तवामांघ्रिणा
श्रीहर्षेण कृतो द्विरूपविलसत्कोशस्सता श्रेयसे॥"

इससे प्रकट होता है कि, यह कोश भी इसी (श्रीहर्ष) ने बनाया था। जयचन्द्र कन्नौज का अन्तिम प्रतापी हिन्दू राजा था। 'पृथ्वीराजरासो' में लिखा है कि, इसने "राजसूययज्ञ" करने के समय, अपनी कन्या संयोगिता का "स्वयंवर" भी रचा था। यही स्वयंवर हिन्दूसाम्राज्य का नाशक बनगया; क्योंकि पृथ्वीराज ने इसी "स्वयंवर" से इसकी कन्या का हरण किया था, और इसीसे इसके और चोहान नरेश पृथ्वीराज के बीच शत्रुता होगयी थी। उस समय भारतवर्ष में ये ही दोनों राजा प्रतापी, और समृद्धिशाली थे। इसलिए इनकी आपस की फूट के कारण शहाबुद्दीन को भारत पर आक्रमण

करने का अच्छा अवसर मिलगया। परन्तु 'रासो' की यह सारी कथा कपोल-कल्पित, और पीछे से लिखी हुई है; क्योंकि न तो जयचन्द्र की प्रशस्तियों में ही "राजसूययज्ञ" का या संयोगिता के "स्वयंवर" का उल्लेख मिलता है, न चौहान नरेशों से संबन्ध रखनेवाले ग्रन्थों में ही "संयोगिता-हरण" का पता चलता है। इसके अलावा 'पृथ्वीराजरासो' में पृथ्वीराज की मृत्यु से ११० वर्ष बाद मरनेवाले मेवाड़ नरेश महारावल समरसिंह का भी पृथ्वीराज की तरफ़ से लड़कर माराजाना लिखा है। इस विषय पर इस पुस्तक के परिशिष्ट में पूरी तौर से विचार किया जायगा।

शहाबुद्दीन गोरी ने हिजरी सन् ५९० (वि. सं. १२५०=ई. स. ११९४) में जयचन्द्र को चंदावल (इटावा ज़िले में) के युद्ध में हरायो[1] था। इसके बाद उसे (शहाबुद्दीन को) बनारस की लूट में इतना द्रव्य हाथ लगा कि, वह उसको १४०० ऊंटों पर लाद कर गज़नी ले गयो[2]। यद्यपि उसी समय से उत्तरी हिन्दुस्तान पर मुसलमानों का अधिकार हो गया था, तथापि कुछ समय तक कन्नौज पर जयचन्द्र के पुत्र हरिश्चन्द्र का ही शासन रहा था।

कहते हैं कि, जयचन्द्र ने इस हार से खिन्न हो गंगा-प्रवेश कर लिया था।

मुसलमान लेखकों ने जयचन्द्र को बनारस का राजा लिखा है[3]। सम्भव है उस समय वही नगर इसकी राजधानी रहा हो।

---

(१) तबक़ात-ए नासिरी पृ० १४०

(२) कामिलुत्तवारीख (ईलियट का अनुवाद), भाग २, पृ. २५१

(३) हसन निज़ामी की बनायी 'ताजुल-म-आसिर' में इस घटना का हाल इस प्रकार लिखा है—देहली पर अधिकार करने के दूसरे वर्ष कुतुबुद्दीन ऐबक ने कन्नौज के राजा जयचन्द पर चढ़ायी की। मार्ग में सुलतान शहाबुद्दीन भी उसके शामिल हो गया। हमला करने वाली सेना में ५०,००० सवार थे। सुलतान ने कुतुबुद्दीन को फ़ौज के अगले हिस्से में रक्खा। जयचन्द ने, आगेपड़ चन्दावल में, इटावा के पास, इस सेना का सामना किया। युद्ध के समय जयचन्द हाथी पर सवार हो अपनी सेना का सञ्चालन करने लगा। परन्तु अन्तमें वह मारा गया। इसके बाद सुलतान की सेना ने आसनी के किले का खज़ाना लूट लिया, और वहाँ से आगे बढ़ बनारस की भी वही दशा की। इस लूट में ३०० हाथी भी उसके हाथ लगे थे।

जयचन्द्र ने अनेक किले बनवाये थे। इन में से एक कन्नौज में गंगा के तटपर; दूसरा असई (इटावा जिले) में यमुना के तटपर; और तीसरा कुर्रा (कड़ा) में गंगा के तटपर था। इटावे में जमना के किनारे के एक टीले पर भी कुछ खंडहर विद्यमान हैं; जिन्हें वहाँ वाले जयचन्द्र के किले का भग्नावशेष बतलाते हैं।

'प्रबंधकोश' में लिखा है:—राजा जयचन्द्र ने ७०० योजन (५६०० मील) पृथ्वी विजय की थी। इसके पुत्र का नाम मेघचन्द्र था। एकबार जिस समय जयचंद्र का मंत्री पद्माकर अणहिलपुर से लौटकर आया, उस समय वह अपने साथ सुहवादेवी नाम की एक सुन्दर विधवा स्त्री को भी ले आया था। जयचन्द्र ने उसकी सुन्दरता पर मोहित होकर उसे अपनी उपपत्नी बनालिया। कुछ कालबाद उसके एक पुत्र हुआ। जब वह बड़ा हुआ, तब उसकी माता (सुहवादेवी) ने राजा से उसे युवराज पद देने की प्रार्थना की। परंतु राजा के दूसरे मंत्री विद्याधर ने इस में आपत्ति की, और मेघचन्द्र को इस पद का वास्तविक हकदार बताया। इस पर सुहवादेवी रुष्ट हो गयी, और उसने अपना गुप्तदूत भेज तक्षशिला (पंजाब) की तरफ से सुलतान को चढा लाने की चेष्टा प्रारम्भ की। यद्यपि विद्याधर ने, राज्य के गुप्तचरों द्वारा सारा वृत्तांत जानकर, इसकी सूचना यथासमय जयचन्द्र को देदी थी, तथापि इसने उस पर विश्वास नहीं किया। इससे दुःखित हो वह मंत्री गंगा में डूब मरा। इस के बाद जब सुलतान अपने

मौलाना मिनहाजुद्दीन ने 'तबकात-ए नासिरी' में लिखा है - हिजरी सन् ५९० (वि० सं० १२५०) में दोनों सेनापति कुतुबुद्दीन, और ईजुद्दीनहुसैन सुलतान (शहाबुद्दीन) के साथ गये, और चंदावल के पास बनारस के राजा जयचन्द्र को हराया।

(१) यह स्थान प्रयाग ज़िले में गंगा के तट पर है। यहां एक किनारे पर जयचन्द्र के किले के और दूसरे किनारे पर उसके भ्राता माणिकचन्द्र के किले के भग्नावशेष विद्यमान हैं। इस ग्राम के कबरिस्तान को देखने से अनुमान होता है कि, सम्भवत यहाँ भी कोई युद्ध हुआ था, और उसमें विजयी जयचन्द्र ने मुसलमानों का भीषण संहार किया था।

(२) मेरुतुंग की बनायी 'प्रबन्धचिन्तामणि' में भी सुहव देवी का मुसलमानों को बुलवाना लिखा है। यह पुस्तक वि० सं० १३६२ (ई० स० १३०५) में लिखी गयी थी।

दल बल को लेकर निकट आपहुँचा, तब राजा भी लाचार हो युद्ध के लिए आगे बढा। इसके बाद दोनो के निकट पहुँचने पर भीषण युद्ध हुआ। परतु इस बात का पूरा पता नहीं चला कि, राजा जयचन्द्र युद्ध में मारागया या उसने स्वय ही गगाप्रवेश करलिया।

हरिश्चन्द्र

यह जयचन्द्र का पुत्र था। इसका जन्म वि स १२३२ की भाद्रपद कृष्णा ८ (१० अगस्त सन् ११७५) को हुआ था, और यह जयचन्द्र की मृत्यु के बाद, वि स १२५० (ई स ११९३) में, करीब १८ वर्ष की अवस्था में, कन्नोज की गद्दी पर बेठा था।

लोगों का खयाल है कि, जयचन्द्र के मरते ही कन्नोज पर मुसलमानों का अधिकार होगया था। परन्तु उस समय की 'ताजुल-म आसिर', और 'तबकात-ए नासिरी' आदि तवरीखों से ज्ञात होता है कि, चन्दावल के युद्ध के बाद मुसलमानी सेना प्रयाग और बनारस की तरफ चलीगयी थी। उन मे जयचन्द्र को भी बनारस का राय लिखा है। इस से स्पष्ट प्रकट होता है कि, यद्यपि कन्नोज मुसलमानों द्वारा लूटलिया गया था, और उसका प्रभाव भी घटगया था, तथापि वहा और उसके आस पास के प्रदेश पर कुछ वर्षों तक जयचन्द्र के वशजों का ही अधिकार रहा था। पहले पहल कन्नौज पर अधिकार कर वहा के गाहडवालों के राज्य को समूल नष्ट करनेवाला शम्सुद्दीन अल्तमश ही था। यद्यपि 'तबकात-ए-नासिरी' में कुतुबुद्दीन और शम्सुद्दीन अल्तमश दोनो ही के विनित प्रदेशों में कन्नौज का नाम लिखा है[1], तथापि यदि वास्तव में ही कुतुबुद्दीन ने कन्नौज विजय किया होता तो शम्सुद्दीन को फिरसे उसके विजय करने की आवश्यकता न होती।

(१) तबकात ए नासिरी, पृ० १५६

(२) इसी अल्तमश के समय बातू नामक एक क्षत्रिय वीरने, मालवे में, मुसलमानों का सामना किया था। तबकात ए-नासिरी (अंग्रेजी अनुवाद) पृ० १२८।१२६

जयचन्द्र के समय के, वि. सं. १२३२ के, पूर्वोक्त दो ताम्रपत्रों में से पहले से ज्ञात होता है कि, उस (जयचन्द्र) ने, अपने पुत्र हरिश्चन्द्र के "जातकर्म" संस्कार पर, अपने कुल गुरु को वडेसर नामक गांव दिया था; और दूसरे से प्रकट होता है कि, उस (जयचन्द्र) ने, उस (हरिश्चन्द्र) के जन्म के २१ वें दिन (वि. सं. १२३२ की भाद्रपद शुक्ला १३=३१ अगस्त सन् ११७५ को) उसके "नामकरण" संस्कार पर, हृषीकेश नामक ब्राह्मण को दो गांव दिये थे।

हरिश्चन्द्र के समय की दो प्रशस्तियां मिली है। इनमें का दानपत्र वि. सं. १२५३ (ई. स. ११९६) की पौष सुदी १५ को दिया गया था। इसमें इसकी उपाधियां इसके पूर्वजों के समान ही लिखी हैं:— 'परमभट्टारक, महाराजाधिराज, परमेश्वर, परममाहेश्वर, अश्वपति, गजपति, नरपति, राजत्रयाधिपति, विविधविद्याविचारवाचस्पति आदि। इससे ज्ञात होता है कि, यह, राज्य का एक बड़ा भाग हाथ से निकल जाने पर भी, बहुत कुछ स्वाधीन राजा था।

इसके समय का लेख भी वि. सं. १२५३ का ही है। यह बेलखेडा से मिला था। यद्यपि इसमें राजा का नाम नहीं लिखा है, तथापि इसमें "कान्यकुब्जविजयराज्ये" लिखा होने से श्रीयुत आर. डी. बैनरजी आदि विद्वान् इसे हरिश्चन्द्र के सयम का ही अनुमान करते हैं।

पहले लिखे अनुसार जब शहाबुद्दीन के साथ के युद्ध में जयचन्द्र मारा गया, तब उसका पुत्र हरिश्चन्द्र कन्नौज और उसके आस पास के प्रदेशों का

---

(१) इनमें का पहला ताम्रपत्र कमौली गाव (बनारस जिले) से मिलाथा (ऐपिग्राफिया इण्डिका, भा० ४, पृ० १२७), और दूसरा सिहवर (बनारस जिले) मे मिलाथा। (इण्डियन ऐण्टिक्वेरी, भा० १८, पृ० १३०)

२) ऐपिग्राफिया इण्डिका, भाग १०, पृ० ९५

इस ताम्रपत्र का संवत् अक्षरों और अङ्कों दोनों में लिखा है। परन्तु अङ्कों में का इकाई का अङ्क पहले खोदे गये अङ्क को छील कर दुबारा लिखा गया मालूम होता है।

श्रीयुत आर० डी० बेनरजी इसे १२५७ पढ़ते है। (जर्नल बंगाल एशियाटिक सोसाइटी, भा० ७, न० ११, पृ० ७६२) यदि यह ठीक हो तो पमही गांव के देने के ३ वर्ष बाद इस ताम्रपत्र का लिखा जाना सिद्ध होता है।

शासक हुआ, और उसके आत्मीय, और बन्धुगण खोर[1] (शम्साबाद[2]) (फर्रुखाबाद जिले) की तरफ चले गये। परन्तु कुछ दिन बाद जब हरिश्चन्द्र के अधिकार में बचे प्रदेश पर भी सुलतान शम्सुद्दीन अल्तमश ने चढ़ाई की, तब उस हरिश्चन्द्र (बरदायीसेन[3]) के पुत्रों ने पहले खोर और फिर महुई में जाकर निवास किया।

---

(१) रामपुर के इतिहास से ज्ञात होता है कि, जिस समय शम्सुद्दीन ने खोर पर आक्रमण किया, उस समय अजयपाल ने उसकी अधीनता स्वीकार कर वहीं निवास किया। परन्तु उसका भाई प्रहस्त* (बरदायीसेन) भागकर महुई (फर्रुखाबाद जिले) की तरफ चला गया। इसी गड़बड़ में इनके कुछ बान्धव नेपाल की तरफ भी चले गये थे। इसके बाद अजयपाल के वंशज खोर को छोड़ कर उझेन (जिला बदायूं) में जा रहे। सम्भव है बदायूं के लेख वाला लखनपाल† भी, उस समय वहीं सामन्त की हैसियत से रहता हो, परन्तु जब वहां पर भी मुसलमानों का हमला हुआ, तब वे लोग वहां से बिलसढ़‡ की तरफ चले गये। इसके बाद अजयपाल के वंशज रामसाय (रामसहाय) ने एटा जिले में, रामपुर बसाकर वहां पर अपना नया राज्य कायम किया। खिमसेपुर (फर्रुखाबाद जिले) के राव भी अपने को उसी के वंशज बतलाते हैं। इसी प्रकार मुस्तई और सरौदा (मैनपुरी जिले) के चौधरी भी अजयपाल के ही वंशज माने जाते हैं।

कहते हैं कि, जयचन्द्र के भाई का नाम माणिकचन्द्र (माणिक्यचन्द्र) था। माण्डा और विजैपुर (मिर्ज़ापुर जिले) के शासक अपने को माणिकचन्द्र के पुत्र गाडण के वंशज मानते हैं। इसी प्रकार गाज़ीपुर की तरफ के और भी कई छोटे जागीरदार अपने को गाडण के वंशज बतलाते हैं।

(२) शम्सुद्दीन ने, वि० सं० १२७० में खोर का नाम बदल कर अपने नाम पर शम्साबाद रख दिया था।

(३) यह भी सम्भव है कि बरदायीसेन हरिश्चन्द्र का छोटा भाई हो।

---

* 'फतेहगढ़ नामा' की, वि० सं० १९०६ (ई० स० १८४९) की, लिखी पुस्तक में इसका नाम हरसू लिखा है। सम्भव है हरसू और प्रहस्त ये दोनों हरिश्चन्द्र के नाम के रूपान्तर ही हों।

(†) ऐपिग्राफिया इण्डिका, भा० १, पृ० ६४

(‡) कहीं कहीं इस घटना का समय वि० सं० १२८० लिखा है।

यहीं पर कुछ समय बाद हरिश्चन्द्र के छोटे पुत्र राव सीहा ने एक किला बनवाया था। परन्तु जब यहां पर भी मुसलमानों के आक्रमण प्रारम्भ हो गये, तब राव सीहा, अपने बड़े भाई सेतराम के साथ, द्वारका की यात्रा को जाता हुआ मारवाड़ में आ पहुँचा।

---

(१) इसके खण्डहर वहां काली नदी के तट पर अब तक विद्यमान हैं, और लोग उन्हें "सीहाराव का खेड़ा" के नाम से पुकारते हैं।

(२) रामपुर के इतिहास में सीहा को प्रहस्त का पौत्र लिखा है, परन्तु मारवाड़ के इतिहास में सीहा के पितामह का नाम वरदायीसेन मिलता है। इसलिए सम्भव है ये दोनों हरिश्चन्द्र के ही उपनाम हों। यह भी सम्भव है कि, जिस प्रकार जयचन्द्र की उपाधि "दलपगुल" थी, उसी प्रकार हरिश्चन्द्र की उपाधि "वरदायीसेन" (वरदायीसैन्य) हो।

(३) आईन-ए-अकबरी (भा० २, पृ० ५०७) में लिखा है कि, सीहा जयचन्द्र का भतीजा था। वह शम्साबाद में रहता था, और शहाबुद्दीन से लड़ कर कन्नौज में मारा गया था।

कर्नल टॉडने अपने राजस्थान के इतिहास में सीहा को एक स्थान पर जयचन्द्र का पुत्र 'ऐनाल्स ऐण्ड ऐण्टिक्विटीज़ ऑफ राजस्थान' (भा० १, पृ० १०५), और दूसरी जगह भतीजा (भा० २, पृ० ९३०) लिखा है। परन्तु फिर तीसरी जगह सेतराम और सीहा दोनों को जयचन्द्र का पोता (भा० २, पृ० ९४०) भी लिख दिया है।

राव सीहा के वि० सं० १३३० के लेख में उसे सेतराम (सतेश्वर) का पुत्र लिखा है। परन्तु सीहा को सेतराम का छोटा भाई, और दत्तक पुत्र मान लेने से, जयचन्द्र से सीहा तक के समय के ठीक मिल जाने के साथ ही, इतिहास की वह गड़बड़ भी, जो सीहा के कहीं पर सेतराम का भाई, और कहीं पर पुत्र लिखा मिलने से पैदा होती है, मिट जाती है।

कन्नौज के गाहड़वालों का वंशवृक्ष

१ यशोविग्रह
|
२ महीचन्द्र
|
३ चन्द्रदेव
|
४ मदनपाल — विग्रहपाल (बदायूं की शाखा का मूल पुरुष)
|
५ गोविन्दचन्द्र
|
६ विजयचन्द्र — राज्यपाल — आस्फोटचन्द्र
|
७ जयचन्द्र — माणिक्यचन्द्र
|
८ हरिश्चन्द्र (प्रहस्त या वरदायीसेन) — जयपाल (जजपाल) — मेघचन्द्र
|
सेतराम — सीहा

कन्नौज के गाहड़वालों का नक्शा

संख्या	नाम	उपाधि	परस्पर का सम्बन्ध	ज्ञात समय	समकालीन राजा
१	यशोविग्रह		सूर्यवंश में		
२	महीचन्द्र		नं. १ का पुत्र		
३	चन्द्रदेव	महाराजाधिराज	नं. २ का पुत्र	वि. सं. ११४८, ११५०, ११५६.	परमार भोज, और हैहयवंशी कर्ण के मरने पर राजा हुआ।
४	मदनपाल	महाराजाधिराज	नं. ३ का पुत्र	वि. सं, ११५४, ११६१, ११६२, ११६३, ११६६	
५	गोविन्दचन्द्र	महाराजाधिराज, विविध विद्याविचारवाचस्पति	नं. ४ का पुत्र	वि. सं. ११६१, ११६२, ११६६, ११७१, ११७२, ११७४, ११७५, ११७६, ११७७, ११७८, ११८०? ११८१, ११८२, (११८३) ११८३, ११८४, ११८५, ११८६, ११८७, ११८८, ११८६, ११६०, ११६१, ११६६, ११६७, ११६८, ११६६, १२००, १२०१, १२०२, १२०३, १२०७, १२०८, १२११	
६	विजयचन्द्र	महाराजाधिराज	नं. ५ का पुत्र	वि. सं. १२२४, १२२५	
७	जयचन्द्र	महाराजाधिराज	नं. ६ का पुत्र	वि. सं. १२२६, १२२८, १२३०, १२३१, १२३२, १२३३, १२३४, (१२३५) १२३६, १२४३, १२४५,	चन्देल मदनवर्मदेव, चौहान पृथ्वीराज, और शहाबुद्दीन गोरी
८	हरिश्चन्द्र	महाराजाधिराज	नं. ७ का पुत्र	१२५३	

परिशिष्ट

कन्नौज-नरेश जयचन्द्र, और उसके पौत्र राव सीहाजी पर किये गये मिथ्या आक्षेप।

कुछलोग कन्नौज-नरेश जयचन्द्र को हिन्दू साम्राज्य का नाशक कहकर उससे घृणा प्रकट करते हैं, और कुछ उसके पौत्र सीहाजी पर पल्लीवाल ब्राह्मणों को धोके से मार कर पाली पर अधिकार करने का कलङ्क लगाते हैं। वास्तव में देखा जाय तो ऐसे लोग इन कथाओं को "बाबा वाक्य प्रमाणम्" समझकर, या 'पृथ्वीराज-रासो' में, और कर्नल टॉड के 'राजस्थान के इतिहास' में लिखा देख कर ही सच्ची मान लेते हैं। वे इनकी सत्यता के विषय में विचार करने का कष्ट नहीं उठाते। विद्वानों के निर्णयार्थ आगे इस विषय की विवेचना की जाती है.—

'पृथ्वीराजरासो' की कथा

"एकबार कमधज्जराय ने, कन्नोज के राठोड़ राजा विजयपाल की सहायता से, दिल्ली पर चढ़ाई की। इसकी सूचना पाते ही वहाँ के तँवर-नरेश अनंगपाल ने, अजमेर के स्वामी, चौहान सोमेश्वर से सहायता मागी। इस पर सोमेश्वर, अपने दल-बल सहित, अनंगपाल की सहायता को जा पहुँचा। युद्ध होने पर अनंगपाल विजयी हुआ, और शत्रु-सेना के पैर उखड़ गये। समय पर दी हुई इस सहायता से प्रसन्न होकर अनंगपाल ने अपनी छोटी कन्या कमलावती का विवाह सोमेश्वर के साथ करदिया। इसके साथ ही उसने अपनी बड़ी कन्या कन्नौज के राजा विजयपाल को ब्याह दी।

---

(१) इण्डियन ऐण्टिक्वेरी, भा० ५६, पृ० ६-९, और सरस्वती, (मार्च १९२८) पूर्णसंख्या ३३९, पृ २७१-२८३

(२) इसी के गर्भ से जयचन्द्र का जन्म हुआ था।

विक्रम सवत् १११५ में कमलावती के गर्भ से पृथ्वीराज का जन्म हुआ। एकबार मडोर का स्वामी नाहडराय, अनगपाल से मिलने, देहली गया, और वहा पर उसने पृथ्वीराज की सुदरता को देख अपनी कन्या का विवाह उसके साथ करने का विचार प्रकट किया। परन्तु कुछ काल बाद उसने अपना यह विचार त्याग दिया। इससे पृथ्वीराज ने, वि स ११२९ के करीब, मडोर पर चढायी की, और नाहडराय को हराकर उसकी कन्या से विवाह किया।

इसके बाद अनगपाल ने, अपने बडे दौहित्र जयचन्द के हक का विचार न कर, विक्रम सवत् ११३८ में देहली का राज्य पृथ्वीराज को सौंप दिया।

कुछ काल बाद पृथ्वीराज के देवगिरि के यादव राजा भाण की कन्या को, जिसका विवाह कन्नोज-नरेश जयचन्द के भतीजे वीरचन्द के साथ होना निश्चित होचुका था, हरण कर लेजाने से उस (पृथ्वीराज) की और जयचन्द की सेनाओं के बीच युद्ध हुआ।

इसके बाद पृथ्वीराज की दमन-नीति से दुखित हुई प्रजा की पुकार सुन अनगपाल को एक वार फिर देहली पर अधिकार करने की चेष्टा करनी पडी। परन्तु इस में उसे सफलता नहीं हुई।

फिर जब जयचन्द ने, वि स ११४४ में, "राजसूय यज्ञ", और सयोगिता का "स्वयवर" करने का विचार किया, तब पृथ्वीराज ने, उसका सामना करना उचित न समझ, उन कार्यों में विघ्न करने का दूसरा रास्ता सोच निकाला। इसी के अनुसार उसने पहले, खोखन्दपुर में जाकर, जयचन्द के भाई बालुकराय को मारडाला, और बाद में सयोगिता का हरण किया। इससे जयचन्द को, लाचार होकर, पृथ्वीराज से युद्ध करना पडा। यद्यपि उस समय पृथ्वीराज स्वय किसी तरह बचकर निकल गया, तथापि उसके पक्ष के ६४ सामन्तों के मारे जाने से उसका बल बिलकुल क्षीण हो गया। 'रासो' के अनुसार उस समय पृथ्वीराज की अवस्था ३६ वर्ष की थी। इसलिए यह घटना वि सं ११५१ में हुई होगी।

इसके बाद पृथ्वीराज अपने नवयुवक सामन्त धीरसेन पुडीर की वीरता को देख उससे प्रसन्न रहने लगा। इससे कुद्ध कर चामुण्डराय आदि राज्य के अन्य सामन्त शहाबुद्दीन से मिलगये। परन्तु पृथ्वीराज को, संयोगिता में आसक्त

रहने के कारण, इन बातों पर ध्यान देने का मौक़ा ही न मिला। इसी से उस के राज्य का सारा प्रबन्ध धीरे-धीरे शिथिल पड़ गया। यह समाचार सुन शहाबुद्दीन ने देहली पर फिर चढ़ायी की। पृथ्वीराज भी सेना लेकर उसके मुक़ाबले को चला। इस युद्ध में पृथ्वीराज का बहनोई मेवाड़ का महाराणा समरसिंह भी पृथ्वीराज की तरफ़ से लड़ कर मारा गया। अन्त में पृथ्वीराज के कुप्रबन्ध के कारण शहाबुद्दीन विजयी हुआ, और पृथ्वीराज पकड़ा जाकर गज़नी पहुँचाया गया। इसके बाद स्वयं शहाबुद्दीन भी गज़नी पहुँच पृथ्वीराज के तीर से मारागया, और क़ुतुबुद्दीन उसका उत्तराधिकारी हुआ। यह समाचार सुनतेही पृथ्वीराज के पुत्र रैणसी ने, पिता का बदला लेने के लिए, लाहोर के मुसलमानों पर हमला किया, और उन्हें वहाँ से मार भगाया। इस पर क़ुतुबुद्दीन रैणसी पर चढ़ आया। युद्ध होने पर रैणसी मारा गया, और क़ुतुबुद्दीन ने देहली से आगे बढ़ कन्नोज पर चढ़ायी की। इसकी सूचना मिलते ही जयचन्द भी मुक़ाबले को पहुँचा। परन्तु अन्त में जयचन्द वीरता से लड़कर मारागया, और मुसलमान विजयी हुए। ”

यह सारी की सारी कथा ऐतिहासिक कसौटी पर खरी नहीं ठहरती। इसमें जिस कमधज्जराय का उल्लेख है, उसका पता अन्य किसी भी इतिहास से नहीं चलता। इसी प्रकार जयचन्द्र के पिता का नाम विजयपाल न होकर विजयचन्द्र था, और वह (विजयचन्द्र) विक्रम की बारहवीं शताब्दी के प्रारम्भ में न होकर, तेरहवीं शताब्दी के पूर्वार्ध में था। यह बात उसकी वि स १२२४, और १२२५ की प्रशस्तियों से प्रकट होती है। फिर यद्यपि अब तक अनगपाल के समय का ठीक ठीक निश्चय नहीं हुआ है, तथापि इतना तो निर्विवाद कहा जा सकता है कि, सोमेश्वर से पूर्व के तीसरे राजा विग्रहराज (वीसलदेव) चतुर्थने

---

(१) पृथ्वीराज और चन्दबरदायी ने भी इसी समय अपने प्राण त्याग किये थे। 'रासो' के अनुसार पृथ्वीराज की मृत्यु ४३ वर्ष की अवस्था में हुई थी। इसलिए यह घटना वि० सं० ११५८ में हुई होगी।

(२) ऐपिग्राफिया इण्डिका, भाग ८, परिशिष्ट १, पृ ११; और भारत के प्राचीन राजवंश, भा० ३, पृ० १०६-१०७

ही देहली पर अधिकार कर लिया था। यह बात उसके, देहली की फीरोज़शाह की लाट पर खुदे, वि. सं. १२२० (ई. स. ११६३) के लेख से सिद्ध होती है। ऐसी स्थिति में सोमेश्वर का अनंगपाल की मदद में देहली जाना कैसे सम्भव हो सकता है? इसके अतिरिक्त चौहान पृथ्वीराज के समय बने 'पृथ्वीराजविजय' महाकाव्य में पृथ्वीराज की माता का नाम कमलावती के स्थान पर कर्पूरदेवी लिखा है, और उसी में उसे तँवर अनंगपाल की पुत्री न बतला कर त्रिपुरि के हैहय वंशी राजा की कन्या बतलाया है। इसी प्रकार 'हम्मीरमहाकाव्य' में भी इसका नाम कर्पूरदेवी ही लिखा है। 'रासो' के कर्ता ने अपने चरित-नायक पृथ्वीराज का जन्म वि. सं. १११५ में लिखा है। परन्तु वास्तव में इसका जन्म वि. सं. १२१७ (ई. स. ११६०) के करीब अथवा कुछ बाद हुआ होगा; क्योंकि वि. स. १२३६ (ई. स. ११७९) के करीब, इसके पिता की मृत्यु के समय, यह छोटा था, और इसीसे राज्यका प्रबन्ध इसकी माताने अपने हाथ में लिया था।

पृथ्वीराज का मंडोर के प्रतिहार राजा नाहड़राव की कन्या से विवाह करना भी असम्भव कल्पना ही है; क्योंकि नाहड़राव का वि. सं. ७१४ के करीब (अर्थात् पृथ्वीराज से करीब ५०० वर्ष पूर्व) विद्यमान होना, उससे दसवें राजा, बाउक के वि. स. ८९४ के लेखों से प्रकट होता है। वि. स. ११८९ और १२०० के बीच किसी समय तो चौहान रायपाल ने, मंडोर पर अधिकार कर, वहां के प्रतिहार-राज्य की समाप्ति कर दी थी। चौहान रायपाल के पुत्र सहजपाल के, मंडोर से मिले, लेखों से वि. स. १२०० के करीब वहाँ पर उस (सहजपाल) का अधिकार होना सिद्ध होता है। इसके अतिरिक्त कन्नौज के प्रतिहारों की

---

(१) ऐपिग्राफिया इण्डिका, भाग १९, पृ २१८, और भारत के प्राचीन राजवंश, भा. १, पृ. २४४।

(२) जर्नल रायल एशियाटिक सोसाइटी, (१९१३) पृ २७५, और भारत के प्राचीन राजवंश, भा. १, पृ. २४९।

(३) 'रासो' में दिये पृथ्वीराज के पूर्वजों के नाम भी अधिकतर अशुद्ध ही हैं।

(४) ऐपिग्राफिया इण्डिका, भा. १८, पृ. ९५

(५) आर्कियॉलॉजिकल सर्वे ऑफ इण्डिया रिपोर्ट, (१९०९-१०) पृ. १०२-१०३

शाखा के मूल-पुरुष का नाम भी नागभट (नाहड) था। चौहान राजा भर्तृवड्ढ द्वितीय के हासोट से मिले, वि स ८१३ के, दानपत्र से इस नाहड का विक्रम की नवीं शताब्दी के प्रारम्भ में विद्यमान होना पाया जाता है। इसी प्रकार कन्नोज पर पहले-पहल अधिकार करनेवाला नागभट (नाहड) द्वितीय इस नाहड से पाँचवाँ राजा था। 'प्रभावकचरित्र' के अनुसार उसका स्वर्गवास वि स ८९० में हुआ था। इनके अतिरिक्त चोथे किसी नाहड का पता नहीं चलता है।

हम पहले वि स १२१७ के करीब पृथ्वीराज का जन्म होना लिख चुके हैं। ऐसी हालत में अनगपाल का वि स ११३८ में पृथ्वीराज को देहली का अधिकार सौंपना भी कपोल–कल्पना ही है।

इसी प्रकार पृथ्वीराज का देवगिरि के यादव राजा भाण की कन्या को हरण करना, और इससे जयचन्द्र की सेना का पृथ्वीराज की सेना से युद्ध होना भी असगत ही है, क्योंकि देवगिरि नाम के नगर का बसाने वाला यादव राजा भाण न होकर भिल्लम था। इसका समय वि स १२४४ (ई स ११८७) के करीब माना गया है। इसके अलावा न तो भिल्लम के इतिहास में ही कहीं उक्त घटना का उल्लेख है, और न देवगिरि के यादव-वश में ही किसी भाण नामके राजा का पता चलता है। जयचन्द्र के भतीजे वीरचन्द का नाम भी केवल 'रासो' में ही मिलता है।

पहले लिखा जाचुका है कि, पृथ्वीराज के पिता (सोमेश्वर) से पहले के तीसरे राजा विग्रहराज चतुर्थ ने देहली पर अधिकार करलिया था। ऐसी हालत में तँवर अनगपाल का, देहली की प्रजा की शिकायत पर, पृथ्वीराज को दिया हुआ अपना राज्य वापस लेने की चेष्टा करना भी ठीक प्रतीत नहीं होता।

रही जयचन्द्र के "राजसूय यज्ञ" और सयोगिता के "स्वयवर" की बात, सो यदि वास्तव में ही जयचन्द्र ने "राजसूय यज्ञ" किया होता तो उसकी प्रशस्तियों में या नयचन्द्रसूरि की बनायी 'रम्भामञ्जरी नाटिका' में, जिसका नायक स्वय जयचन्द्र था, इसका उल्लेख अवश्य मिलता। जयचन्द्र के समय

---

(१) ऐपिग्राफिया इण्डिका, भा १२ पृ १९७

के १४ ताम्रपत्र, और २ लेख मिले हैं। इनमें का अन्तिम लेख वि. सं. १२४५ (ई. स. ११८९) का है।

इसके अलावा पृथ्वीराज द्वारा अपने मौसेरे भाई की पुत्री संयोगिता के हरण की कथा भी 'रासो' के रचयिता की कल्पना ही है; क्योंकि इसका उल्लेख न तो पृथ्वीराज के समय बने 'पृथ्वीराजविजय महाकाव्य' में ही मिलता है न विक्रम संवत् की चौदहवीं शताब्दी के उत्तरार्ध में बने 'हम्मीर महाकाव्य' में ही[3]। ऐसी हालत में इस कथा पर विश्वास करना अपने तईं धोखा देना है। 'रासो' में लिखे इन घटनाओं के समय भी इन घटनाओं के समान ही अशुद्ध हैं।

'रासो' में मेवाड़ के महाराणा समरसिंह का पृथ्वीराज का बहनोई होना, और इसीसे उसकी तरफ़ से शहाबुद्दीन से लड़कर मारा जाना लिखा है। परन्तु पृथ्वीराज और शहाबुद्दीन का यह युद्ध वि. सं. १२४९ में हुआ था, और महाराणा समरसिंह वि. सं. १३५९ के करीब मरा था। ऐसी हालत में 'पृथ्वीराज रासो' के लिखे पर कैसे विश्वास किया जासकता है। उसी (रासो) में पृथ्वीराज के पुत्र का नाम रैणसी लिखा है। परन्तु वास्तव में पृथ्वीराज के पुत्र का नाम गोविन्दराज था, और उसके बालक होने के कारण ही उसके चाचा हरिराज ने अजमेर का राज्य दबा लिया था। अन्त में कुतुबुद्दीन ने हरिराज को हराकर गोविन्दराज की रक्षा की।

---

(१) भारत के प्राचीन राजवंश, भा० ३, पृ० १०८-११०

(२) ऐन्युअल रिपोर्ट ऑफ दि आर्कियालॉजीकल सर्वे ऑफ इण्डिया, (१९२१-२२) पृ० १२०-१२१।

(३) 'रासो' में संयोगिता को कटक के सोमवंशी राजा मुकुन्ददेव की नवासी लिखा है। परन्तु इतिहास से इसका भी कुछ पता नहीं चलता।

(४) श्रीयुत मोहनलाल विष्णुलाल पण्ड्या ने "विक्रमशाक अनन्द" इस पद के आधार पर "अनन्द-संवत्" की कल्पना कर 'रासो' के संवतों को "अनन्द विक्रम-संवत्" माना है। इस कल्पना के अनुसार 'रासो' के संवतों में ९१ जोड़ने से विक्रम संवत् बन जाता है। इसलिए यदि 'रासो' में दिये पृथ्वीराज की मृत्यु के सं० ११५८ में ९१ जोड़ दिये जाँय तो उसकी मृत्यु का ठीक समय वि. स. १२४९ आजाता है। परन्तु इससे नाहड़राव आदि के समय की गड़बड़ दूर नहीं होती।

(५) भारत के प्राचीन राजवंश, भाग १, पृ० २६२

'रासो' में शहाबुद्दीन के स्थान पर कुतुबुद्दीन का जयचन्द्र पर चढ़ायी करना लिखा है। परन्तु फ़ारसी तवारीखों के अनुसार यह चढ़ायी शहाबुद्दीन के मरने के बाद न होकर उसकी जिंदगी में ही हुई थी, और स्वय शहाबुद्दीन ने भी इसमें भाग लिया था। उसकी मृत्यु वि. स. १२६२ (ई स १२०६) में गक्करो के हाथ से हुई थी। इसके अलावा किसी भी फ़ारसी तवारीख में जयचन्द्र का शहाबुद्दीन से मिलजाना नहीं लिखा है।

इन सब घटनाओ पर विचार करने से 'पृथ्वीराज रासो' का ऐतिहासिक रहस्य स्वय ही प्रकट हो जाता है। इसके अतिरिक्त यदि हम "दुर्जनतोषन्याय" से थोड़ी देर के लिए 'रासो' की सारी कथा सही भी मानलें, तब भी उसमें सयोगिता हरण के कारण जयचन्द्र का शहाबुद्दीन को पृथ्वीराज पर आक्रमण करने का निमन्त्रण देना, या उसके साथ किसी प्रकार का सम्पर्क रखना नहीं लिखा मिलता। उलटा उस (रासो) में स्थान स्थान पर पृथ्वीराज का परायी कन्याओं को हरण करना लिखा होने से उसकी उद्दण्डता, उसकी कामासक्ति का वर्णन होने से उसकी राज्य-कार्य में गफ़लत, उसके चामुण्डराय जैसे स्वामिभक्त सेवक को विना विचार के कैद में डालने की कथा से उसकी गलती, और उसके नाना के दिये राज्य में बसने वाली प्रजा के उत्पीडन के हाल से उसकी कठोरता ही प्रकट होती है। इसीके साथ उसमें पृथ्वीराज के प्रमाद से उसके सामन्तों का शहाबुद्दीन से मिलजाना भी लिखा है।

ऐसी हालत में विचारशील विद्वान् स्वय सोच सकते हैं कि, जयचन्द्र को हिन्दू-साम्राज्य का नाशक कह कर कलङ्कित करना कहां तक न्याय्य कहा जा-सकता है?

'पृथ्वीराज रासो' के समान ही 'आल्हाखण्ड' में भी सयोगिता के 'स्वयवर' आदि का किस्सा दिया हुआ है। परन्तु उसके 'पृथ्वीराजरासो' के बाद की रचना होने से स्पष्ट ज्ञात होता है कि, उसके लेखक ने अपनी रचना में, ऐतिहासिक सत्य की तरफ़ ध्यान न देकर, 'रासो' का ही अनुसरण किया है। इसलिए उसकी कथा पर भी विश्वास नहीं किया जासकता।

आगे जयचन्द्र के पौत्र सीहाजी पर किये गये आक्षेप के विषय में विचार किया जाता है।

कर्नल जेम्स टॉड ने लिखा है:—

सीहाजी ने गुहिलों को भगाकर लूनी के रेतीले भाग में बसे खेड़ पर अपना राठोड़ी झंडा खड़ा किया।

उस समय पाली, और उसके आस पास का प्रदेश पल्लीवाल ब्राह्मणों के अधिकार में था; और उस पाली नामक नगर के पीछे ही वे पल्लीवाल कहाते थे। परन्तु आसपास की मेर और मीणा नामक जङ्गली लुटेरी क़ौमों से तंग आकर उन्होंने सीहाजी के दल से सहायता मागी। इस पर सीहाजी ने सहायता देना स्वीकार करलिया, और शीघ्र ही लुटेरों को दबा कर ब्राह्मणों का सङ्कट दूर कर दिया। यह देख पल्लीवालों ने, भविष्य में होने वाले लुटेरो के उपद्रवों से बचने के लिए, सीहाजी से, कुछ पृथ्वी लेकर, वहीं बसजाने की प्रार्थना की; जिसे उन्होंने भी स्वीकार करलिया। परन्तु कुछ समय बाद सीहाजी ने, पल्लीवालों के मुखियाओं को धोखे से मारकर, पाली को अपने जीते हुए प्रदेश में मिला लिया।

इस लेख से प्रकट होता है कि, पल्लीवालों को सहायता देने के पूर्व ही महेवा और खेड़ राव सीहाजी के अधिकार में आचुके थे। ऐसी हालत में सीहाजी का उन प्रदेशो को छोड़ कर पल्लीवाल ब्राह्मणों की दी हुई साधारणसी भूमि के लिए पाली में आकर बसना कैसे सम्भव समझा जा सकता है? इसके अलावा उस समय उनके पास इतनी सेना भी नहीं थी कि, वह महेवा और खेड़ दोनों का प्रबन्ध करने के साथ ही पाली पर आक्रमण करने वाले लुटेरों पर भी आतङ्क बनाये रखते।

इसके अतिरिक्त पुरानी ख्यातों में पल्लीवाल ब्राह्मणों को केवल वैभवशाली व्यापारी ही लिखा है। पाली के शासन का उनके हाथ में होना, या सीहाजी का उन्हें मार कर पाली पर अधिकार करना उनमें नहीं लिखा है। सोलङ्की कुमारपाल का, वि. सं. १२०६ का, एक लेख पाली के सोमनाथ के मन्दिर में लगा है। उससे प्रकट होता है कि, उस समय वहा पर कुमारपाल का अधिकार था, और उसकी तरफ से उसका सामन्त (सम्भवतः चौहान) बाहडदेव यहा का शासन करता था। कुमारपाल का एक कृपापात्र-सामन्त

(१) ऐनाल्स ऐण्ड ऐण्टिक्विटीज़ ऑफ राजस्थान, भाग १, पृ० ९४२—९४३।

(२) ऐन्युअल रिपोर्ट ऑफ दि आर्कियालॉजिकल डिपार्टमेन्ट, जोधपुर गवर्नमेन्ट, भा० ६, (१९३१–३२) पृ० ७।

चौहान आल्हणदेव भी था[1]। वि॰ सं॰ १२०९ के किराडू के लेख से ज्ञात होता है कि, इस आल्हणदेव ने कुमारपाल की कृपा से ही किराडू, राडधड़ा, और शिव का राज्य प्राप्त किया था। वि. सं. १२३० के करीब कुमारपाल की मृत्यु होने पर उसका भतीजा अजयपाल राज्य का स्वामी हुआ। उसीके समय से सोलङ्कियों का प्रताप-सूर्य्य अस्ताचल-गामी होने लगा था, और इसीसे मीणा, मेर आदि लुटेरी कौमों को पाली जैसे समृद्धिशाली नगर को लूटने का मौका मिला था। चौहान चाचिगदेव के वि. सं. १३१९ के, सूँधा से मिले, लेख में लिखा है कि, (उपर्युक्त) चौहान आल्हणदेव का प्रपौत्र (चाचिगदेव का पिता) उदयसिंह नाडोल, जालोर, मडोर, वाहडमेर, सूराचन्द, राडधडा, खेड, रामसीन, भीनमाल, रत्नपुर, और सांचोर का अधिपति था। इसी लेख में उसे (उदयसिंह को) गुजरात के राजाओं से अजेय लिखा है[2]। उसके वि॰ सं॰ १२६२ से १३०६ तक के ४ लेख भीनमाल से मिले हैं। इससे अनुमान होता है कि, इसी समय के बीच किसी समय यह चौहान-सामन्त, गुजरात के सोलङ्कियों की अधीनता से निकल, स्वतन्त्र हो गया था। यहां पर उपर्युक्त नगरों की भौगोलिक स्थिति को देखने से यह भी अनुमान होता है कि, उस समय पाली नगर भी, सोलङ्कियों के हाथ से निकल कर, चौहानों के अधिकार में चला गया था। इसलिए राव सीहाजी के मारवाड़ में आने के समय उक्त नगर पर पल्लीवालों का राज्य न होकर सोलङ्कियों का या चौहानों का राज्य था। ऐसी अवस्था में सीहाजी को पाली पर अधिकार करने के लिए निर्बल, शरणागत, और व्यापार करने वाले पल्लीवाल ब्राह्मणों को मारने की कौनसी आवश्यकता थी?

इसके अतिरिक्त जब लुटेरों से बचने में असमर्थ होकर स्वयं पल्लीवाल ब्राह्मणों ने ही सीहाजी से रक्षा की प्रार्थना की थी, और बादमें उनके पराक्रम को देखकर उन्हें अपना भावी रक्षक भी नियत कर लिया था, तब वे किसी अवस्था में भी उनको नाराज़ करने का साहस नहीं कर सकते थे। ऐसी हालत में सीहाजी अपने आपही पाली के शासक बन चुके थे। इसलिए उनका वास्तविक काम, पल्लीवालों की रक्षा कर, अपने अधिकृत प्रदेश में व्यापार की वृद्धि करने में ही था, न कि कर्नल टॉड के लिखे अनुसार पल्लीवालों को मार कर देश को उजाड़ देने में।

---

(१) ऐन्युअल रिपोर्ट ऑफ दि आर्किआलॉजिकल डिपार्टमेन्ट, जोधपुर गवर्नमेन्ट भा॰ ४, (१९२९ १९३०) पृ॰ ७; और भारत के प्राचीन राजवंश, भाग १, पृ॰ २६४

(२) एपिग्राफिआ इण्डिका, भा॰ ११, पृ॰ ७०

(३) ऐपिग्राफिआ इण्डिका, भा॰ ११ पृ॰ ७८ और भारत के प्राचीन राजवंश, भा॰ १, पृ॰ ३०३-३०४

वर्णानुक्रमणिका

शुद्धिपत्र

पृष्ठ	पंक्ति	अशुद्ध	शुद्ध
१	१३	थे	थे[1]
२	१८	भारद्दव	आरद्द
१५	६	है	है[2]
२०	६	है	है[2]
२७	४	आनदपुर	आनदपुर
२९	१६	प्रनथीते	प्रगृथीते
३१	५	तीन ताम्रपत्रो में	तीन ताम्रपत्रों में, और उसकी रानी कुमारदेवी के लेख में
३२	७	दानवशद्धय	दानवशद्वय
४४	२१	लिखा है।	लिखा है। (भा० २, पृ० ५०७)
६१	१०	सम्यक	सम्यक्
६३	२७	विन्सेंपटस्मिय	विन्सेण्टस्मिथ
६५	२६	गाव दान दिया था।	गांव दान दिया था। (ऐपिग्राफिया कर्णाटिका, मण्डेग्राट, नं० ६१, पृ० ५१)
६६	२४	(ऐपिग्राफिया कर्णाटिका, मण्डेग्राट, नं० ६१, पृ० ५१)	(इण्डियन ऐण्टिक्वेरी, भा० १२, पृ० १५८)
६६	२५	(इण्डियन ऐण्टिक्वेरी, भा० ११, पृ० १५८)	
६९	७	गोविन्दराज द्वितीय	ध्रुवराज
७५	३	कानाडी	कनाडी
८३	२१	अमोघवर्ष चतुर्थ	अमोघवर्ष तृतीय
८५	२२	शायाद	शायद
९२	२	यदुववशी	यदुवशी
९५	८-९	१० गोविन्दराज तृतीय (जगत्तुङ्ग प्रथम)	१० गोविन्दराज तृतीय (जगत्तुङ्ग प्रथम)

शुद्धिपत्र

पृष्ठ	पंक्ति	अशुद्ध		शुद्ध
१०३	१०	ध्रवराज	..	ध्रुवराज
१०३	११	ध्रवराज	..	ध्रुवराज
१०३	१४	राष्ट्रकूट	..	राष्ट्रकूट
११२	६	वतमान	..	वर्तमान
११४	१८	सोमेश्वर	..	सोमेश्वर
११५	पृष्ट का हेडिंग	(धारवड)..(राष्टकुट)	..	(धारवाड)..(राष्ट्रकूट)
११६	१७	(त्रलोक्यमल्ल)	..	(त्रैलोक्यमल्ल)
११७	१ (उपाधि)	×		महासामन्त
११७	८	तलप	..	तैलप
१२६	१०	मनदेव	..	मदनदेव
१४४	६	बदाय	..	बदायू।

शुद्धिपत्र (II)

पृष्ठ	पंक्ति	अशुद्ध	शुद्ध
१	२२	४३ ..	.. ४४
७	१७		फुटनोट— परन्तु कुछ लोग खट्टूपुर को दक्षिण का हाटूर मानते हैं।
३६	११	ये सब ..	.. इनमें से अधिकांश
३५	२२	पहले पहल ..	.. ×
४१	१७	..	फुटनोट— सोढाजी के स्थान छोड़ने का कारण शायद शम्सुद्दीन अल्तमश का, जो उस समय बदायूं का शासक था, दबाव ही होगा। (टोपोग्राफी ऑफ इण्डिया, पृ० १७६)
४५	१८	८ वीं ..	.. ९ वीं
५५	१६	नवीं ..	.. दसवीं
६१	१६	पूर्व में अवन्ति का राजा वत्सराज का, और पश्चिम में वराह	पूर्व में अवन्ति राज का, पश्चिम में वत्सराज का, और सोरमण्डल, (गुजरात) में वराह (जयवराह)
६३	१७	उत्तर ..	.. पश्चिम
६४	५	कठिका····शासक	.. गुजरात
६५	१३	(कोइम्बटूर)	.. ×
६६	२५	फुटनोट (२)	.. (२) ऐपिग्राफिया इण्डिका, भा० १८, पृ० २४३–२६१.
७०	२७	(अमुद्रित)	.. ×
७१	१२	अमुद्रित ..	.. ×
१००	१२	तीन	.. चार
१००	२२	और चौथा	.. तीसरा श० सं० ७४३ (वि० सं० ८७८ = ई० सं० ८२१) का है। (एपिग्राफिया इण्डिका, भा० २१, पृ० १४०–१४६) और चौथा
१०६	१६	७३८ और ७४६	७३८, ७४३ और ७४६
११६	१०	पड़िहार (प्रतिहार)	परमार
१२०	१५	प्रतिहार ..	परमार
१६७	२८	(जगद्र प्रथम)	(जगतुङ्ग प्रथम)
१४३	३	..	फुटनोट — सोढाजी के स्थान छोड़ने का कारण शायद शम्सुद्दीन अल्तमश का, जो उस समय बदायूं का शासक था दबाव ही होगा।